朝の信仰読本

こころ澄ます教話集

中山慶純

Yoshizumi Nakayama

道友社

はじめに

本書は、私が修養科主任を務めさせていただいていたときの、毎日の朝礼で行っていたあいさつと、教会や教区などでの講話の内容が元になっています。

朝礼でのあいさつは、当初「修養科生に勇んだ気持ちで一日のスタートを切ってもらえるような、楽しい話をさせてもらおう」という思いで臨んでいました。

けれどもあるとき、教会の信者さんから「子供を塾に行かせているのに、成績が上がらないのはなぜでしょうか」「柔道を習わせて何年も経《た》つのですが、なかなか黒帯になりません。どう言えばやる気が起きるでしょうか」などと尋ねられて、ドキッとしたのです。というのは、同じころ、「修養科を修了した人たちの間に〝差〟があるのではないか」と感じ始めていたからです。

「おぢばでいろいろなことを学べた」と喜んで地元に戻る人がいる一方、「三カ月も家を空け、仕事も休んで志願したのに、ご守護を頂けなかったのはなぜでしょうか」と言う人もいる。成績が上がらない子供と、不足や物足りなさを感じたまま修養科を了《お》える人たちに共通していることは、そこに行っている甲斐《かい》がない、つまり、十分な「お土産」を手にしていないということだと気づきました。

教祖《おやさま》は「この家へやって来る者に、喜ばさずには一人もかえされん」(『稿本天理教教祖伝』第三章「みちすがら」)と仰《おっしゃ》っています。

「私自身、教祖の思いをしっかりと受けとめて通っているだろうか。せっかく志願しておぢばに帰ってきてくれた修養科生を、手ぶらで家に帰してはいないだろうか」と反省しました。やはり修養科生には、「おぢばで、こんなにたくさんのお土産をもらいました」と、喜びや勇み、たすかる道筋を見つけて帰っていただきたい。そこで、単に楽しいだけではなく、本当のたすかりにつながる話をしっかりと説かせていただこうと思い、内容を少しずつ変えていきました。

教理やおつとめ、おさづけに関することは、授業で一期講師の先生方が教えてくださるので、そこはお任せすることにして、私は、私自身の経験やたとえ話などを織り交ぜながら、信仰を始めたばかりの人にも理解していただけるような話を心がけました。そのなかで、「三カ月の間に、期待したご守護を頂けなかったとしても、おぢばで学んだ心づかいや生き方を、家に戻ってからも続けていれば、運命は変わっていくんだよ」ということも、お伝えしてきたつもりです。

ある大手服飾メーカーの社長は、社員にこんな話をしたそうです。

「私たちの仕事は、お客様の要求を満たすためにある」

会社の発展のためには、社長など経営陣の能力の高さ、質の高い商品の開発など、大切なことがたくさんあります。しかし一番は、店で客と直接やりとりをする店員の力でしょう。客の要望をよく聞いて、その人に合った商品を提示し、満足してもらえる対応ができる。そうした店員の力が、その店、ひいては会社全体の発展へとつながります。

私たちようぼくも、同じ役割を持っていると思います。おたすけに掛かるときは、相手の気持ちをよく聞き取り、どんな言葉や対応が相応《ふさわ》しいかを見極める。それと同時に、温かさやユーモア、陽気な雰囲気を醸《かも》し出す。こうしたことを、ようぼく一人ひとりがもっとできるようになれば、お道の教えはどんどん広がっていくと思うのです。

私たちの目標は、親神様が望まれている、陽気ぐらしの世界に近づくことです。その方法は、親神様、教祖がすでにたくさん教えてくださっています。をやの目にかなう生き方・通り方が、たすかる元、喜ばせていただける結果につながります。そのヒントを、この本から見つけていただけたら幸いです。

著　者

朝の信仰読本
こころ澄ます教話集

目次

ご恩返しの心を学ぶ　85

天に届くつとめ方を　161

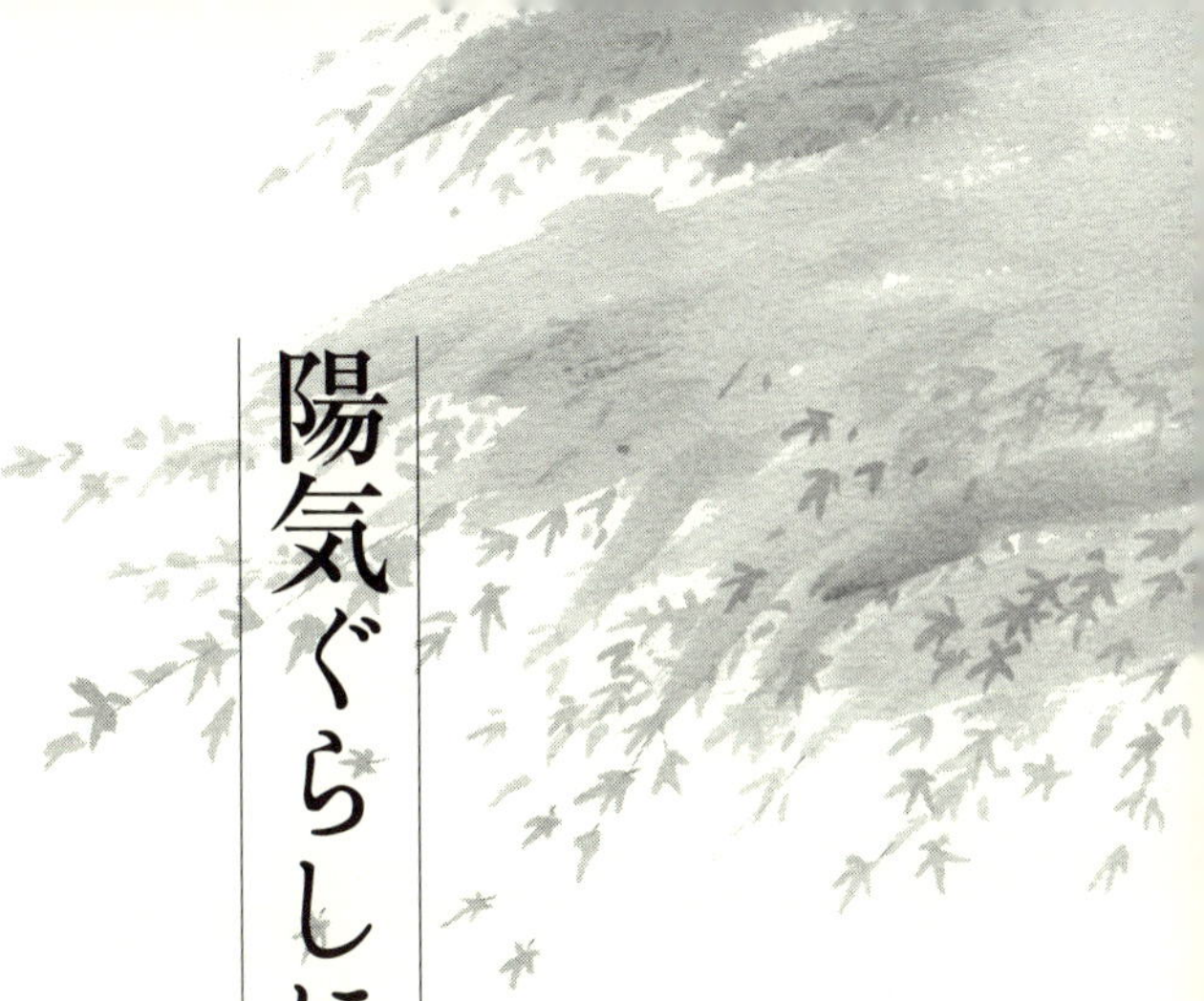

陽気ぐらしには流れがある

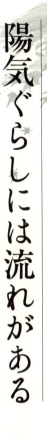

陽気ぐらしには流れがある

私が修養科主任時代の話です。

あるとき、二人の修養科生がこんなやりとりをしていました
「さっき、おまんじゅうを二つ頂いたの。お一つ、いかがですか？」

一人がこう言って、もう一人に差し出しました。

ところが、勧められたほうは素っ気なく、

「いらないよ」

と、ただひと言。その場はたちまち険悪なムードになってしまいました。

これと似たような状況を、みなさんも目の当たりにしたことはありませ

んか。

陽気ぐらしには〝流れ〟があります。この場合、最初の人からの「おまんじゅう、いかがですか?」という流れがありました。それを勧められた人は、「いらないよ」という、たったひと言で断ち切って、陽気と逆の流れにしてしまいました。たとえ断るにしても、「ありがとう。でも、きょうは体の調子が悪いから結構です」とか、「おまんじゅうは大好きだけれど、心定めとして、いま甘いものを断《た》っているの」などと、理由をひと言添えるだけで、陽気ぐらしの流れは生きるのです。

川は、たくさんの支流が本流と合流し、水量を増やして川幅を広げていくように、陽気ぐらしの流れも一つひとつを大切につないでいけば、陽気な雰囲気はどんどん広がっていきます。そのためには、どういう会話をすればいいか、どんな応対をしたらいいかと、考えることが大切なのです。

特に夫婦や親子、家族といった近しい間柄ほど、甘えが出てしまうものです。「肩をもんであげようか」と言われても、つい、「別にいいよ」と素っ気なく答えてしまったりする。相手の好意にろくに感謝もせず、無愛想《ぶあいそう》な返事ばかりしていると、陽気どころか陰気な家庭になってしまいます。

高速道路を車が逆走した、というニュースが時々流れます。インターチェンジやサービスエリアの出口で、進行方向をうっかり間違えて、そのまま本線に入ってしまうのだそうです。スピードを上げて走っているところに、真正面から車が来たら、命に関わる大事故になります。

同じような間違った心づかいを、私たちは知らず知らずのうちにしていることがあります。そう心得て、普段から慎重に言葉を返したいものです。

「私は陽気ぐらしの流れを生かした受け取り方ができているだろうか?」

自分の心にそう問いかけながら、日々お通りいただきたいと思います。

女の子の「五秒の礼」

天理教では「感謝　慎み　たすけあい」の三つを「陽気ぐらしのキーワード」として掲げています。これらは広く一般に使われている言葉ですから、世間の人々にもお道が何を目指しているのか、理解してもらいやすいと思います。ところが先日、「お道と世間とでは、言葉に込める意味が違うなあ」と実感する出来事がありました。

ある日の朝、天理小学校の子供たち数人が、信号のない横断歩道を渡ろうとしていました。通勤・通学の時間帯なので車の量は多く、なかなか停《と》まってくれません。しばらくして、ようやく一台の車が停まり、子供たちは急いで道路を渡りました。

渡り終えた子供たちは、参拝のために、そのまま神殿へ向かって歩き出しました。そのとき、一人の女の子が立ち止まって車道を振り返り、停まってくれた車を探しはじめたのです。そして、先へ進んでいる車を見つけると、時間にして五秒ほど、深々と頭を下げたのでした。

横断歩道は歩行者優先ですから、車は停まって当然だと思っている人は多いでしょう。なかには、「もっと早く停まってよ」と言わんばかりに車を睨《にら》みつけながら渡る人もいる。それなのに、この子は偉いなあと、心洗われる思いがしたのです。

車の運転手は、女の子が礼をしていることに、おそらく気づかなかったでしょう。しかし、そんなことはお構いなしに頭を下げ続ける女の子の姿は、きっと、後続の運転手の目に留まったに違いありません。そのなかには、「この次は私も停まってあげよう」という気持ちになった人もいると思います。

この女の子の五秒の礼には、「通してくれてありがとうございます」という感謝の気持ちだけでなく、「運転手さんの一日が幸せでありますように」といった祈りも込められているように、私は感じました。こんな人が増えれば、きっと日本のみならず、世界の交通事情は様変わりすることでしょう。

「感謝」の心とそれを表す行動は、世界の様相を変える力になる——。それゆえ、感謝が陽気ぐらしのキーワードの一つになっているのだと、私は深く感じたのです。

女の子はわずか五秒の礼をしただけで、ひと言の教理も説いたわけではありません。にもかかわらず、なぜこれほどまでに心を打つのか。それは、親神様の教えを素直に実行したからです。教えを素直に実行する姿は、どんなに立派なお話よりも説得力があるのです。

親神様、教祖《おやさま》と強くつながった「感謝　慎み　たすけあい」の実行こそ、世界の人々の心に感動を与え、心を洗うことができます。その積み重ねが、世界一れつの心を澄まし、陽気ぐらしへの世の立て替えにつながっていくものと、私は信じます。

天の通帳の差し引き勘定

先日、孫が自分のお小遣いで貯金箱を買ってきました。うれしそうに見せるので、「じゃあ、おじいちゃんが最初にお金を入れてあげようね」と小銭を入れかけたら、「いらないよ！」と言って、サッと貯金箱を引っ込めるのです。新品だから誰にも触らせたくなかったのでしょうが、喜んでくれると思っていただけに、がっかりしてしまいました。

そのとき、ふと「私たちも、神様のご厚意を無にするような、浅はかな行動を取ることがあるなあ」と思ったのです。

親神様は、私たちの日々の心づかいや行動をご覧になり、その頑張りに応じて、〝天の通帳〟に幸せの貯金を積み立ててくださいます。仕事や家事の都合をつけてご本部や教会の月次祭に参拝する、教会に日参してひのきしんに励む、悩む人に寄り添いおたすけをするなど、地道に信仰生活を送る人には、幸せがどんどん貯《た》まっていきます。

けれども、その道中で不足したり、人に嫌な思いをさせたりすると、親神様は残念に思われて、積み立てをストップされることもあるでしょう。場合によっては、貯金を引き出されることもあるかもしれません。

私たちは、自分が頑張ったことや、人にしてあげたことはよく覚えているものです。しかし、自分が不足してほこりの心を使ったり、人に嫌な思いをさせたりしていることには案外気がつきません。だから、困ったことが起きると、「こんなに一生懸命頑張っているのに、なぜ幸せになれないんだろう」「どうして私ばかりが、つらい目に遭うんだろう」と嘆き、さらには「もう信じられない。信仰をやめたい」と神様にまで不足してしまう。これでは「幸せは要《い》りません」と、自分から拒否しているようなものです。

幸せの貯金については、プラスを増やすだけでなく、マイナスをいかに減らすかという視点も大切です。自分次第でプラスにもマイナスにもなるということを、しっかりと心に留めておきたいものです。

親神様は、人間が陽気ぐらしするのを見て共に楽しみたいと思召《おぼしめ》され、人間世界をおつくりくださいました。だから、私たちを困らせよう、苦しませようとの思いからお見せくださることは一つもありません。むしろ、温かい親心で、いつも先回りのご守護をしてくださっています。

そのことが心に治まれば、どんなこともありがたく、喜んで受け取らせていただくことができるはずです。

おぢばは〝人生の乗り換え駅〟

あるようぼく家庭のご主人が、重い病気にかかりました。

信仰熱心な奥さんは、娘さんに「お父さんの病気をなんとかたすけていただきたいから、修養科に入ってくれないか」と頼みました。娘さんは、あまり乗り気ではありませんでしたが、母親から「本当は私が行きたいけれど、お父さんの看病があるから行けない。おまえが行ってくれたら、お父さんはきっとたすけていただけると思う」と説得され、おぢばの土を踏みました。

初日の始業式、当時主任だった私があいさつに立ちました。

「みなさん、おぢばに帰ってきて修養科に入ったくらいでは、身上や事情はたすけていただけませんよ。ここは、たすかる方法を学ぶところですから、教えをしっかり学んで身につけてくださいね」

私は激励のつもりだったのですが、彼女はがっかりしてしまいました。

「話が違う。すぐにでもやめて帰ろう」

と思ったそうです。

しかし彼女は、組担任の先生から組係に任命され、クラスの仲間たちの世話取りをすることになりました。「○○さんが授業に出たくないと言っている。あなたからも、少し話を聞いてあげてもらえないか」「△△さんが身上を頂いたので、おさづけを取り次いでほしい」といったふうに、おたすけの機会がどんどん与えられ、忙しい毎日を送っていました。そんななかで、彼女の心境に変化が現れました。

仲間のたすかりを願っておつとめを勤め、ひのきしんに励むうちに、彼女の心はどんどん勇んでいったのです。そして「おぢばに帰り、修養科に入ったおかげで、人さまのおたすけができるようになった」と、喜びの心に切り替わったころ、父親の身上もだんだんと治まっていきました。

「おぢばは〝人生の乗り換え駅〟だ」という人がいます。

自分の幸せを求めて、必死に働き、お金儲《もう》けに奔走してきた。職場ではそれなりの立場を与えられた。「さあ、これからもうひと踏ん張り」と意気込んだ矢先、大病を患った、あるいは会社が倒産した……このような例はたくさんあります。

人生の節に出合ったとき、自分の乗っている電車が、間違った生き方や考え方を目指して走っていることに気づき、「陽気ぐらし」に向かう電車に乗り換えて再出発するところ――それが、おぢばです。自分がこれまで通ってきた道すがらと教えとをよく照らし合わせ、切り替えるべきところは切り替えて、ここから新しい道へと進んでいくのです。

先の女性は、人さまのたすかりを願える自分になれたことで、彼女自身の運命を切り替えていただき、父親の身上も少しずつ快方へ向かうご守護をお見せいただきました。

みなさんもおぢばに帰ったら、自分のこれまでの通り方を振り返り、正しい道筋を再確認して故郷に戻ってください。そして、おぢばは人生の乗り換え駅であることを身近な人たちにもお伝えし、今度は、その人たちを誘って、おぢば帰りをしていただきたいと思います。

なぜ下に向かって拝むの？

ある修養科生が、神殿で履物のお世話のひのきしんをしていたときのことです。参拝に訪れた未信者の老夫婦から、次のようなことを尋ねられました。

「天理教の神様は変わっていますなあ。どこの神様も、だいたい拝む人の目線より上に鎮まっておられて、上に向かって拝みますよね。でも、ここではみなさん、下に向かって拝んでいる。これには何か意味があるんですか？」

修養科生は少し考えてから、こう答えたそうです。

「天理教では、お互いに拝み合いなさいよと教えられているので、四方のどこからでも拝めるように参拝場が造られているのです。参拝者は自分のことだけでなく、『向こう側にいる人も、どうぞたすけてください』とお願いします。これが、天理教の神様の思召《おぼしめし》なので、神様は中央の下のほうにお鎮まりくださっているのです」

後日、「この答え方で合っていますか?」と聞かれましたが……残念ながら、満点はあげられません。彼は一番重要な点を忘れています。

それは、親神様は、人間を宿し込まれた元のぢばにお鎮まりくださっている、ということです。参拝場は、ぢばを取り囲むように建てられています。だから、みんな自然と頭を下げて、下へ下へと向かって拝をさせていただいているのです。

私は、この参拝の際の姿勢を通して、親神様は「心を低くして通りなさいよ」と、教えておられるのではないかと悟らせていただいています。

人間誰しも、つい偉そうになって頭が高くなりやすいもの。優しい人、心の低い人は、頭や腰が低いですよね。頭を下げれば腰も下がり、心も低くなります。親神様は「こういうふうにして通るんだよ」と、人間本来の生き方を教えておられると思うのです。

おたすけの場合も、心を低くして掛からせていただくことが、何より肝心です。たとえば、重たい物を動かすとき、その下に一枚の紙を敷いて引っ張ると、上に載った物も一緒にスーッと動きます。人さまに心を変えていただくには、そうやって相手の下へ下へと入るように普段から心がけるのです。

先日、小学校低学年の孫が、「おじいちゃんは偉いね、いつも頑張っているね」と、なぜだか急に褒めてきました。「子供のくせに、何を偉そうに」と思いましたが、そう言ったら負けですから、ここは低い心で「おまえも、かけっこが速いらしいやないか」と褒め返してやりました。子供相手に、と思われるかもしれませんが、わが家はいつもこんな調子で、それが家庭円満の秘訣《ひけつ》でもあります。

みなさんも、日々の生活のなかで、自分なりに工夫してみてはどうでしょう。親神様にお喜びいただける、心の低い、優しいようぼくを目指して、お互いに通らせていただきましょう。

〝心の温度〟を上げよう

以前、一カ月生になったばかりの修養科生から、

「修養科に修学旅行はありますか?」

と尋ねられたことがありました。

「修学旅行はないけれど、史跡見学で教祖のご生家を訪ねるとき(現在のカリキュラムにはない)と、布教実修の日はバスに乗るで」

と答えると、

「困ったなあ。私、バスにめっぽう弱いんです。それはもう、横綱級の弱さで」

「横綱級? それは相当やな。日馬富士《はるまふじ》くらいか?」

「いえ、白鵬《はくほう》です（ハクホウデス……吐クホウデス）」

「なんや、ダジャレかいな」

肩の力が抜けて、思わず笑ってしまいました。聞けば、彼はいつもこのようなジョークで周囲の人たちを笑わせて、和やかにしているとのことでした。明るい言葉で人を楽しませるのは、いいことですね。


私は常々、みなさんに「〝陽気ぐらし流〟で日々を通りましょう」という話をしています。この教えは陽気ぐらしが目標ですから、明るく陽気でなければいけません。人生いろいろあるけれど、悲しみや怒りは陽気ぐらしの流れを止めてしまいますから、喜べること、楽しいこと、勇めることを探しながら毎日を生きる。しかも、自分だけが楽しく過ごすのではなく、温かい言葉がけや気配りをして周囲の人を勇ませ、明るくする。これが、陽気ぐらし流の生き方です。

そのために大切なのは、温かい心です。温かい言葉や気配りは、温かい心から生まれます。私たちの周囲を見ても、人を思いやることのできる人は、心が温かく感じますよね。反対に、「冷たい人だな」と感じる人は、たいてい周囲を無視しています。

教祖は、私たちに「冷たい心はだめだよ。温かい心になりなさいよ」という意味のことを仰《おっしゃ》っています。人間の体は、体温が一度下がると免疫力が三〇パーセント低下し、反対に一度上がると五、六倍にも上昇して、病気にかかりにくくなるそうです。私たちようぼくは、体だけでなく〝心の温度〟を上げる努力をして、教祖の思いに沿わせていただきたいものです。

心の温度を上げる一番の方法は、周りをよく見て、困っている人がいたら、ためらうことなく、すぐに手助けをさせてもらうことです。

親神様はいつも「この人は、温かい心で動いているかな?」と、私たち一人ひとりの心づかいをご覧になっています。日々起きるさまざまな出来事に対して、どんな心を使うのかが、運命の分かれ道でもあります。他人を思いやる真実の行いができるようになればなるほど、心の温度は自然と上がり、その分、陽気ぐらしに一歩近づくのです。

ほこりが散る〝ナイスキック〟

あるとき、五歳の孫がトコトコと近づいてきて、突然「おじいちゃん、裸見たい」と言ってきたのです。「おかしなことを言うなあ」と思い、知らん顔をしていました。すると、今度は妻の所へ行って、「おばあちゃん、裸見たい」と。「どうしたんやろう、うちの孫は」。戸惑う私をよそに、妻は「はいはい、こっちへおいで」と優しく呼ぶのです。「おいおい、本当に見せる気なのか?」と様子をうかがっていると、孫はティッシュをもらって、「ちーん!」と鼻をかみました。鼻が詰まっているから、よく聞こえなかったんですね、「はだかみたい」と「はなかみたい」。でも、妻は正しく聞き取っていた。やはり、女性はすごいですね。

人間は、うっかりしていると、見間違えたり、聞き違えたりするものです。特に、心がフワフワしていると、人から言われたことを誤解して悪く受け取ってしまうことがある。心がしっかりしていれば、たとえ相手の言い方が良くなかったとしても、「この人はきっと、心や体の調子が悪くて、つい、こんな言い方になってしまったんだな」と、相手を思いやることができるものです。

私たちが日々見せられること、聞かされること、成ってくることは、すべて親神様がなさることです。人間の運命は、それらをどう受け取り、どれだけ心のほこりを積むかで変わってきます。特に、人に対して感じる、憎い、恨み、腹立ちといったほこりは、運命を一気に落としてしまいます。

ほこりをなるべく積まないためには、どうすればいいか。以前、お笑い芸人の明石家《あかしや》さんまさんが、テレビでこんな話をしていました。

「横断歩道で信号待ちをしているとき、後ろで『あ、さんまや！』と声がして、突然、中学生に尻を蹴《け》られた。ムカッときたが、『ここで暴力沙汰《ざた》を起こしたら、テレビに出られなくなる』と、とっさに思い、『ナイスキック！』と返した」

周囲にほこりを撒《ま》き散らす人もいれば、撒かれたほこりを被《かぶ》って、ほこりまみれになる人もいるのに、さんまさんは被らなかったばかりか、相手のほこりをも散らして、ゼロにしてあげました。こういう通り方ができる人が、神様に守っていただける人なのでしょうね。

運命を落とさないように、ほこりをできるだけ少なく、小さくするコツを早くつかみましょう。人さまに喜んでもらえることを、たくさんさせていただいたら、親神様は運命をぐんぐん伸ばしてくださいます。

〝心の出口〟を大切に

松下《まつした》電器産業（現・パナソニック）の創業者・松下幸之助《こうのすけ》さんは、新入社員の採用試験の際、志願者の性格や心根を重視したそうです。面接を終えて部屋から退出した後の態度や行動を、部下にチェックさせて、それをもとに採用か不採用かを決定したといいます。

また、私どもの教会の信者さんで、ホテルのベッドメイキングの仕事をしている人がいます。その人が以前、こんなことを話していました。

「どのお客様も、チェックインして部屋に入るときは紳士《しんし》・淑女《しゅくじょ》に見えます。しかし、チェックアウトした後、掃除のために部屋に入ると、タオルやパジャマはあちこちに散乱していたり、洗面所などの水回りの使い方もめちゃくちゃだったりして、がっかりすることがあります」

私は、この二つの話を聞いて、「人の本来の姿や心は〝出口〟に現れるのだなあ」と思いました。

私たちの体は親神様からのかりもので、心だけが自分のものとして自由に使うことを許されています。そして、その使い方が親神様の思召《おぼしめし》にかなっているかどうかの差が、そのまま運命の差になります。ですから、自分がどんな心づかいをしているのか、たまには知りたくなるものですが、心を直接見ることはできません。しかし、体のさまざまな〝出口〟を通して知ることはできます。

一番分かりやすいのは口でしょう。

たとえば、アパートを借りるために不動産屋を訪れたとします。安い、広い、駅に近いなど、希望を伝えて何件か紹介してもらい、そのなかに、窓が西側に一つしかない部屋があったとしましょう。「夕方になると西日がきつそうだ。こんなひどい部屋には住めないよ」。このような言い方をすると、客の希望に沿おうと一生懸命に探した不動産屋はがっかりしてしまいます。

では、「ここは夕日がきれいでしょうね」だったらどうでしょう。内心では、「夕方は暑いだろうな」と思っていたとしても、この言葉からは、苦労して探してくださった不動産屋への気づかいが感じられますよね。

人を喜ばせる、勇ませる言葉を出しているか。泣かせたり、怒らせたりする言葉を出していないか。親神様は、そうしたことを基準に、一人ひとりの心をじっとご覧になっています。

同じように、表情や態度、行動にも本心は現れます。自分の心づかいは親神様の思召にかなっているか、九つの道具の使い方を間違っていないか、いま一度確認していただきたいと思います。

特に家庭では、うっかりしやすいものです。子供たちが、お道の教えや信仰を敬遠したくなるような振る舞いを、知らず知らずのうちにしていないか、時々自らを省みて、「天理教の教えは素晴らしいな」「信仰していると幸せになれるんだ」と思ってくれるような行いを心がけていただきたいと思います。

ようぼくの〝素材〟を変える

私はよく、おさづけの理を拝戴《はいたい》してようぼくになった方々に「これまでの自分から、何か一つ変えてみませんか?」という話をします。

先日も、教会の信者さんに「せっかくようぼくの仲間入りを果たしたのだから、何か変えさせていただきましょう」とお話ししたのですが……。

「はい、分かりました。何がいいですかね」

「日参はどうや」

「ニッサンですか。分かりました。本当は、トヨタのほうが好きなんですけどね」

「……あんた、本当に分かっとるんやろうな」

変えるのはもちろん車ではありません。心を変えさせていただくのです。

おさづけを戴《いただ》いた後、仮席《かりせき》（ようぼくの心の治め方、おたすけの際の心得やおさづけの取り次ぎ方などが説かれる場）で渡される「おかきさげ」には、「誠一つ」や「誠の心」など、誠という言葉がたくさん出てきます。誠の心とは、人をたすける心、人さまのことを第一に考える心です。それは温かい心、優しい心とも言えるでしょう。

「ようぼくになったことだし、これでもう私は立派なおたすけ人だ」と偉そうな心でいては、真のおたすけはできません。こうまんのほこりにまみれた心で、いくらおさづけを取り次いでも、親神様、教祖はお受け取りくださらないでしょう。

周囲の人たちから「あの人はようぼくになって変わった。表情が優しく、物腰が柔らかくなった」「あの人におさづけを取り次いでもらったら、ご守護いただける気がする」と思っていただけるようぼくを目指すことが大切なのです。

さらには、人の心の機微や本心を感じ取り、それに応じられるようになれたら素晴らしい。相手が何を求めているのか、何に悩んでいて、どうしてほしいのかが分かったら、それに相応《ふさわ》しい言葉をかけたり、たすけの手を差し伸べたりするのです。気がついて終わりではなく、「あなたに聞いてもらって良かった。頼んで良かった」と喜んでもらうところまで何かをさせていただこう、こういう気持ちでおたすけに掛かっていただきたいと思います。

ようぼくは、陽気ぐらし世界建設のための用材です。「心を変える」とは、その用材の〝素材〟を変えるということです。使い勝手が良く、神様に重宝されるような素材のようぼくに、お互いにならせていただきたいものです。

たすかる力のある人とは

あるようぼく夫婦の話です。

ご主人が、隣の部屋にいる奥さんに「おーい、お茶」と頼みました。でも、奥さんは「あら、私に入れてくれたのかしら」と勘違い。お互い待てど暮らせどお茶は出てきません。結局、ご主人が自分で入れて、奥さんにも持っていきました。「まったく、いつもこうなんだから……」とご主人。

またある日のこと、お客さんが訪ねてきました。ご主人が出迎えると、その人は開口一番「お宅には奥さんが何人いらっしゃるのですか?」と。玄関に女性物の靴がずらりと並んでいたからです。すべて奥さんのものでした。「履いた靴をその都度《つど》、下駄箱にしまってくれたら、恥ずかしい思いをせずに済んだのに。教会に行って、いったい何を学んでいるのやら」

奥さんは毎月欠かさず教会の月次祭に参拝しているので、一応、信仰心はあると言えます。けれども、お道の話を聞かせていただきながら、周囲に気配りができないのは、少し厳しい言い方かもしれませんが、教えを学ぶ力がないからではないでしょうか。

教えは自ら学ばなければ身につきません。月次祭に参拝する際は、「今月は会長さんからどんな講話を聴かせていただけるだろう」、講話を聴いたら、「私の悪い癖《くせ》はあれとこれだな。来月の月次祭までには、一つでもなくせるように努力させていただこう」、こんな思いで足を運び続けると、祭典日が来るたびに少しずつ成人させていただけるようになるのです。

学ぶ力がつくと、心にも力がついてきます。すると、何か嫌なことがあってもサッと切り替えられるようになりますし、自分中心の考え方を改めて、人さまのことを第一に考えて行動できるようになります。

そして、それは〝たすかる力〟にもつながります。たすかる力がある人というのは、何を見ても、何を聞いても、明るい心で受けとめられる人のことです。

たとえば道を歩いていて、前から来た人がニコッと笑ったとします。そのとき、「あの野郎、こっちを見てバカにしたな」と思うのは、受け取り方の良くない人です。「全然知らない人だけれど、私を見て笑うということは、もしかして前生《ぜんしょう》で友達だったのかな?」。これはとても良い方向に思いを巡らせていますよね。また、人に嫌なことを言われても、「この人の口を通じて、神様が私を注意してくださっているんだな」と思えたら、素晴らしい耳の使い方をしていると言えるでしょう。

教えをしっかり学び、学んだことは心の奥底に深く治め、心に力をつけましょう。すべては自分の心一つです。どのような出来事も、うれしいなあ、ありがたいなあと喜びいっぱいの心で受け取る努力をしましょう。

信仰が揺らぐとき

修養科では三カ月目に感話大会が開かれます。三カ月生の各クラスの代表一名が登壇《とうだん》し、志願した経緯、修養生活を通じて感じたこと、修了後の抱負などを語ります。私は、さまざまな信仰体験を聴かせていただけることの時間が、いつも楽しみでした。

ある期の感話大会で、こんな話をした修養科生がいます。

「縁あって同じ時期に志願した仲間のなかに、途中でやめてしまった人たちがいます。私は、その人たちのことが心配でなりません」

修養科生は、身上や事情をご守護いただきたい、家庭の運命を切り替えていただきたい、人生の節目に際して親神様の教えを学び直したいなど、さまざまな思いを胸に三カ月間の修養に励みます。しかし残念なことながら、なかには途中で辞退する人もいます。その理由はさまざまで、身上や事情の深刻化によりやむを得ず、という人だけでなく、「気力が失《う》せてしまい、どうしても続けられなくなった」と、精神的なつらさを理由に挙げる人も少なからずいます。

そうなる前に、気力を持ち直してもらう手立てはなかったのか。何より、「最後まで一緒に頑張ろうよ」と声をかけ、寄り添ってあげる人はいなかったのだろうか……。

感話に立った修養科生は、このようなことを感じたそうです。それはきっと、「私もつらいときがあったけれど、先生方の助言や仲間たちの励ましのおかげで、最後までやり通すことができた」という思いがあったからだろうと思うのです。

一度やめても、身上や事情が落ち着いた後、再び志願する人もいます。

ところが「こんなところ、もうこりごりだ」と嫌になって、やめていった場合は、たすかる時期はぐっと遅れますし、そのまま信仰から離れてしまうことにもなりかねません。これが何よりも心配なのです。

私たちの日常生活でも同じことが言えます。大変な身上を頂いた、あるいは悩み事がなかなか解決しないときなど、「信仰をやめてしまおうか……」と弱気になり、心がぐらつくことがあるかもしれません。しかし、「こんなときだからこそ信仰を忘れてはいけないんだ」と思い直し、教えを拠《よ》り所にして、乗り越えていくことが大切なのです。

同時に、周囲にそういう人がいたら、励ましつつ、温かく優しい心で、できる限りの手助けをさせていただく。それがようぼくの務めなのだということを、この修養科生は訴えてくださったのだと思います。

長い人生、晴れの日もあれば嵐の日もあります。大きな壁に行く手を阻《はば》まれたり、何かにつまずいて転んだりすることもあるでしょう。しかし、私たちは、心を晴天にし、壁を乗り越え、転んでも立ち上がる方法をたくさん教えていただいています。どんなときも揺るがない信仰心を培い、人さまのおたすけのうえにも役立たせていただけるよう、その方法を一つでも多く心に治めながら、日々通らせていただきましょう。

徳は移動する？

孫と電車に乗ったときのことです。席がいっぱいだったので、つり革につかまっていたら、電車が動き出すときの振動でよろけてしまいました。すると、近くに座っていた女性が私に気づいて、サッと席を譲ってくれました。「ありがとうございます」と言って腰を下ろすと、一緒に座った孫がこう言うのです。

「おじいちゃん、よろけるの、うまくなったね！　完全に〝プロ級〟だね！」

「わしは年を取って、足腰が弱くなってきたから自然によろけたんやで」と言いたいところでしたが、周りに人もいることですし、帰ってから諭すことにして、その場はぐっと言葉をのみ込みました。

さて、席の譲り合いは、電車内ではよくある光景です。そのとき、席を譲る人と譲られる人との間で動いているものがあります。それは「徳」です。楽をする人がいるということは、その分、苦労をする人がいるということ。苦労をした人のほうへ、楽をした人の徳が少しスーッと流れていくのです。

帰宅後、私は孫に電車内での出来事を振り返りながら、こう話しました。

「あのとき、あのお姉さんが席を譲ってくれたおかげで、わしもおまえも楽をさせてもらったなあ。その代わり、ほんのちょっとだけど、わしらの徳は、お姉さんのところへ移動したんやで。お姉さんは立ちっぱなしで疲れたやろうけど、わしらをたすけた分、徳をもらったことになるんやで。良かったなあ」

徳を頂いたほうは、これでいいでしょう。ここで考えたいのは、徳を譲ったほうのことです。楽をした分、徳が減っていることに気づかずに過ごしていたら、どうなるか。人のために何かをするより、自分が楽な道ばかり選んでいたら、徳はどんどん減っていき、いつしかゼロになってしまいます。すると、親神様は「早く徳を貯《た》めないといけないよ」と催促される。これが身上や事情といった、お手入れにもつながるのです。

ですから、受けた恩は必ずどこかでお返しをして、徳を補充させていただくことが大切です。

人や物に不足をしたり、人に嫌な思いをさせたりしても、徳は減っていきます。それはあたかも、徳を入れる袋に穴を開けて歩いているようなものです。どれだけ一生懸命に信仰しても、徳はどんどん穴からこぼれ落ちていきます。ちなみに、人の嫌がる言葉が口からポンポン出るようになったら、それは徳が切れてきたサインだと思ってください。

では、袋の穴を塞《ふさ》ぐには、どうすればいいのでしょう。いま述べたことと反対のことをするのです。与えを喜び、温かく優しい言葉で人を喜ばせることのできる人、お互い、そういう信仰者を目指しましょう。

お笑いとおたすけの共通点

毎年、九月末は「全教一斉にをいがけデー」が実施されます。にをいがけとは、お道の匂《にお》いや、信仰する私たち自身の匂いを、教えを知らない人たちにかけることです。

花の蜜《みつ》に蝶などが寄ってくるのと同じように、いつもニコニコしていて、穏やかで、温かい雰囲気を持つ人の周りには、自然と人が集まってきます。秋に、キンモクセイの甘い香りがどこからともなく漂ってくると、思わず立ち止まったり、歩くスピードがゆっくりになったりしませんか？　それほど匂いというものは、人間に感動や喜びを与えてくれるのです。私たちも、お道の良い匂いを醸《かも》し出せるよう日々心を磨くとともに、「お話を聞かせてほしい」と頼まれたときに話せる〝種〟も用意しておきたいものです。

テレビで、お笑いの「吉本新喜劇《よしもと》」を見ていると、芸人がステージに登場した途端に、客席の雰囲気がふわーっと明るくなるのがよく分かります。「その場の空気を瞬時に変える芸人の力は素晴らしいな」と、私はいつも感心しながら見ています。彼らは、たとえ悩みや苦しみを抱えていても、ひとたびステージに立てば、観客を笑わせることに全力を尽くします。また、お客さんのほうも、その間だけは嫌なことを忘れて、心から笑うことができます。そう考えると、お笑いには、お道のおたすけの精神に通じる部分があるような気がします。

余談ですが、お笑い芸人はがんになる人が少なく、平均寿命も長いそうです。最近、吉本興業や松竹《しょうちく》芸能などの協力のもと、大阪国際がんセンターが、笑いががんに効くのか実証研究を行うというニュースが報じられました。どんな結果が出るのか、いまから楽しみです。

親神様は、人間が陽気ぐらしするのを見て、共に楽しみたいと思召《おぼしめ》され、私たちをおつくりくださいました。ですから自分はもとより、人を泣かせたり悲しませたりしていては、陽気ぐらし世界に近づくことはできません。

にをいがけ先で、教えを知らない人とお話をしたり、悩みを打ち明けられたりしたときは、「お宅はいま、泣きと笑いとどちらが多いですか？　泣きが多いなら、笑いを増やしましょうね。そうすれば運命は伸びますよ」「家族一人ひとりが、家庭の雰囲気を明るくしたいと思って努力すれば、必ず幸せになれますよ」というように、まずは優しく、分かりやすい話を取り次いで、励ますことから始めていただきたいと思います。

教祖は、どのように匂いを出せばいいのか、口に筆に、そしてひながたを通じて、私たちに教えてくださっています。それらをしっかりと学ばせていただき、「あの人が来たら、雰囲気がいっぺんに和むなあ」と思ってもらえるようぼくを目指しましょう。

たすかり上手になろう

ある家庭で、お嫁さんが子供に、「裏の畑へ行って、おじいちゃんに『もう六時だから、夕ご飯にしましょう』と言ってきてちょうだい」と頼みました。子供は言われた通り、おじいさんを呼びに行くのですが……。おじいさんは「もう六時」を「もうろくじじい」と勘違い。「幼い子供が、そんな言葉を知っているわけがない。きっと若い夫婦が、普段からわしのことをそう呼んでいるのだろう」と、あらぬ想像を膨《ふく》らませて、カンカンに怒ってしまいました。でも、家に戻ると誤解だと分かり、お嫁さんも「紛《まぎ》らわしい言い方をしてすみません」と謝って、その場は事なきを得ました。

人間は、不本意なことや納得できないことを言われると、腹を立て、「何かあるに違いない」と、つい勘繰《かんぐ》ってしまいます。しかし、ここが、たすかり上手《じょうず》な人と、たすかり下手《べた》な人の運命の分かれ目なのです。

たすかり下手な人は、人に言われたことを全部悪く受けとめてしまいます。このおじいさんも最初はそうでしたし、そのように受けとめてしまうのが普通の人の反応かもしれません。でも、たすかり上手な人なら、「子供のことだから、何か言葉が抜けたのだろう」などと悟ることができる。その場の状況をよく見て、足りないものは補い、余分なものは減らしたりして考えていけば、すんなりと納得できるのです。

もし実際に、人から悪口を言われたとしても、「待てよ、私の耳が、悪口として聞いているだけかもしれない」「何か、親神様のメッセージが込められているのではないか」と、一度立ち止まって考えてみましょう。そうやって思いを巡らすうちに、人に対する腹立ちや恨みといった感情はなくなり、親神様の温かい親心を分からせていただけるようになると思います。

また、食べ物や着る物に好みがあるように、人に対する好き嫌いや相性の良し悪《あ》しは誰にもあります。けれども、好き嫌いの多い人で幸せな人は、あまり見かけません。そういう人ほど、自ら運命を落としてしまうからでしょう。

これまでの人生で、嫌いな人と仕事でペアになったり、同じクラスになったりしたことはありませんか？　親神様は、そういう相手とどれだけ仲良くなれるか、嫌いを好きに変える努力ができるかをご覧になっています。どんな人ともうまくやっていけるよう、自分なりに努力を重ねましょう。それがひいては、自分も相手もたすかる道へとつながっていくのです。

ここで一つ、私からの提案です。嫌いな人に会ったときは、嫌いと言いたいところを「きら」で止めて、さらに「きら」を重ね、「キラキラ」と唱えてみてください。思わず顔がほころび、きっと、嫌いをパスできるはずですから。

間違い電話を喜ぶ心

先日、真夜中に突然、電話がかかってきました。この時間帯にかかってくる電話は、急を要することや、あまり喜ばしくないことが多いもの。「もしもし……」と恐る恐る受話器を取ったら、ただの間違い電話でした。叩《たた》き起こされた私は、「まったく、こんな時間に……」とぶつぶつ言いながら、再び布団に戻りました。

そんな話を信者さんたちとしていたとき、一人の方が「間違い電話を受けたら、私は『ありがとうございます』という気持ちで受話器を置いています」と言うのです。普通なら、「時間を考えてくださいね」とか「もう間違わないでくださいよ」などと、恨み言の一つも言いたくなるものです。

この方はなぜ、「ありがとう」と思えるのでしょうか。

それは、離れて暮らす親御さんのことを、常に気にかけているからだそうです。「夜、電話が鳴ると、高齢の両親の顔がパッと浮かんで『何かあったのかしら?』と、一瞬ドキッとします。でも、間違い電話だと分かると、『まだまだ元気に置いていただいているんだな。ありがたいな』と安心できる。だから『ありがとうございます』なのです」と、ニコニコしながら話してくださいました。

この方のように、いつも親のことを心配している人、感謝やご恩報じの気持ちが強い人は、自分にとって迷惑なことや不都合なことが起きても、嫌な顔をしたり、腹を立てたりすることが少なくなります。

お道を信仰するうえで大切なことは、親のご恩をどれだけ強く感じられるかです。たとえば年に一度の誕生日は、誰にとっても嬉しい日です。プレゼントやご馳走《ちそう》でお祝いしてもらう人もいるでしょう。それはそれで良いことですが、もっと大切なことは、誕生日を迎えた本人が、生み育ててくれた両親や、家族に感謝することです。両親、祖父母、曾《そう》祖父母……とずっと遡《さかのぼ》っていくと、最後は「元の親」である親神様に行き着きます。長い年月を経て命が連綿と続き、いま、こうして自分が存在していることへの感謝の念が大きくなればなるほど、腹立ちなどのほこりの心づかいは減っていくのです。

あらゆるご恩のおかげで、私たちは生かされています。そのことに気づいたら、ご恩報じの道を勇んで進ませていただきましょう。

数日後、また夜中に間違い電話があり、今度は妻が出ました。間違いと分かっても「いいんですよ。またどうぞ」などと言いながら、愛想よく応対しています。「またかかってきたら迷惑だろう」と小さくつぶやきながら、相手に安心してもらえるような言葉が自然に出せる妻を、見習おうと思ったのでした。

見えない徳を積む

妻に頼まれて、家のごみ出しを手伝ったときのことです。近所の人々の様子を何げなく見ていますと、ごみ出し一つでも、その行動は十人十色《じゅうにんといろ》。ごみ袋をポーンと投げるように置いていく人もいれば、後から来て、それにネットを被《かぶ》せる人、回収車が去った後のごみ捨て場を掃除する人など、いろいろです。

そのなかで、よその家のごみ袋を整頓《せいとん》したり、ごみ捨て場をきれいに掃除したりする人々の姿を見て、私は〝見えない徳〟を積んでおられるなあと感心しました。

『稿本《こうほん》天理教教祖伝逸話篇《いつわへん》』に次のような逸話があります。

「教祖が、ある時、山中こいそに、『目に見える徳ほしいか、目に見えん徳ほしいか。どちらやな。』と、仰せになった。こいそは、『形のある物は、失《うしの》うたり盗《と》られたりしますので、目に見えん徳頂きとうございます。』と、お答え申し上げた」（六三「目に見えん徳」）

徳には「目に見える徳」と「目に見えない徳」があります。見える徳は物などの形として、あるいは現象を通して知ることができます。たとえば、欲しい物が思いがけず手に入ったり、店でサービスをしてもらったりする場合がそうです。こんなときは、誰でも得した気分になりますよね。

けれども、この逸話は、形だけ、そのときだけの〝得〟よりも、見えない〝徳〟を頂くほうが余程ありがたいということ、さらに、どちらの徳を頂きたいと思うかが運命の分かれ道になることを教えられています。

では、見えない徳は、どうしたら積ませていただけるのでしょう。

それは、いつでもどこでも、人さまに喜ばれることを一生懸命にすることです。たとえ人目に触れない、目立たないようなことでも、心を込めて行ううちに、だんだんと人に伝わり、感謝されるようになります。そうして人に好かれると、神様も好いてくださり、少しずつ徳を与えてくださるのです。つまり、徳のある人というのは「人や神様に好かれる人」と言えるだろうと思います。

自分にはどれだけ徳があるのだろうか、何をどれだけ頑張れば徳をつけていただけるのだろうかと、悩んだり不安に思ったりしている方もいるかもしれません。しかし、神様は必ずいらっしゃいます。

すぐには分からないけれど、いずれ分かるように、しっかりつとめさせていただこう――。そう思いながら、倦《う》まず弛《たゆ》まず努力を続けて通るうちに、見えない徳とはどういうものなのか少しずつ分かるようになり、さらには、日々ご守護くださる親神様のお働きを、心の底からありがたく感じられるようになります。それこそが、たすかる道なのです。

「十全の守護」と「八つのほこり」を唱えよう

先日、踏切の近くで、一台の車がパトカーに捕まっていました。どうやら、一時停止せずに線路を渡ろうとしたようです。「踏切では一時停止して、安全確認をしてから渡らないといけませんよ」と、警察官が注意しているにもかかわらず、車の男性は「そりゃもちろん、交通ルールは知ってますし、電車の確認はしています。でも、止まらなくても捕まったことがないから、きょうも大丈夫だろうと思ったんですよ。あなた、うまいこと隠れてましたね」と、あまり反省していない様子でした。

また別の日、高齢者の運転する車が高速道路を逆走して事故を起こした、というニュースを見ました。夜中で通る車も少なかったので、そのまま気づかずに五キロも走ったということでした。

どちらもひどい話ですが、私はふと、これと同じような振る舞いを、日常生活でしてはいないだろうかと思いました。

人間には、本来生きるべき正しい道があります。私たちは、それを教祖から教えていただいています。教えに沿った生き方をして、正道を真っすぐ進んでいれば、何も問題は起きません。しかし、「誰も見てないだろう、行ってしまえ」と、止まるべき所で止まらなかったり、「こっちの方向で合ってるだろう」と、曖昧《あいまい》な判断で間違って逆走したりして、周囲に迷惑をかけてしまうようなことが誰にでもあると思うのです。ですから、このような状況を見聞きしたときは、決して他人事と思わず、「親神様が、自分の心づかいや通り方を振り返る機会を与えてくださっているんだな」と受け取ることも大事だと思います。

人間の判断力というものは、自分を省みることなく日々を過ごしていると落ちていきます。心のほこりが邪魔をするからです。それらを一つひとつ注意するうえでの拠《よ》り所、つまり正しい判断基準を身につけるにはどうすればいいのでしょう。答えは、朝夕のおつとめをしっかり勤めることです。その際に、私が心がけていることがあります。「あしきをはらうて」の二十一回の、最初の十回は「十全の守護」を、十一回目から「八つのほこり」を思い浮かべるのです。続けていると、これらの教えが日常のさまざまな場面で心に浮かぶようになります。

これらをまだ覚えていない人は、ノートに「あしきをはらうて」を二十一回、行を改めて書き並べてください。そして、その下に「十全の守護」を、十一回目からは「八つのほこり」をそれぞれ書いていきます。「くにとこたちのみこと」人間身の内の眼うるおい、世界では水の守護の理、「をもたりのみこと」人間身の内のぬくみ、世界では火の守護の理……。そのとき、書きながら、十の働きをしっかりと心に感じてください。続いて、「〇〇の心を使わないようにします」と誓いながら、「八つのほこり」を一つひとつ書いていきましょう。

　このノートを繰り返し読んで、毎日のおつとめで思い浮かべられるようになれば、いざというときに正しい道を選べる判断力が身につくと思います。また、危険な通り方をしている人と出会っても、その人とぶつからない通り方、さらに、正道に戻ってもらえる導き方も学ぶことができるはずです。

　判断力があり、心も体も機敏に動けるおたすけ人を目指して、きょうも心の訓練を重ねていきましょう。

〝スーちゃん〟から学んだおたすけの心

世の中に不安なものはたくさんありますが、その最たるものの一つは、がんの告知でしょう。「あなたの余命は、あと一カ月です」。こう言われたら、恐怖で夜も眠れないですよね。天理市にある天理よろづ相談所病院「憩《いこい》の家」には事情部があります。講師は入院患者のおたすけに当たり、しばしば終末期の患者さんのお世話をします。そういうときは、「あなたの魂は、いったんは親神様の懐に戻るけれども、生まれ替わってまた帰ってくるから、心配いりませんよ」と出直しの教理をお取り次ぎします。それでスッと落ち着いてくださるのです。

みなさんはキャンディーズをご存じでしょうか。一九七〇年代に一世を風靡《ふうび》した、女性三人組のアイドルグループです。

メンバーの一人、〝スーちゃん〟の愛称で親しまれた田中好子《たなかよしこ》さんは、グループ解散後も数々のドラマや映画に出演し、女優として活躍しました。

しかし、東日本大震災の発生から間もない二〇一一年四月、乳がんのため、五十五歳の若さで亡くなりました。

田中さんは余命宣告を受けた後にもかかわらず、家族に「私もボランティアに行きたい」と懇願《こんがん》するほど、被災地に心を寄せていました。葬儀場で公開された肉声のメッセージには、お世話になった人たちへの感謝の言葉だけでなく、田中さんの〝決意〟が込められていました。

「私も一生懸命、病気と闘ってきましたが、もしかすると負けてしまうかもしれません。でもそのときは、必ず天国で、被災された方のお役に立ちたいと思います。それが私の務めと思っています」

このメッセージは、被災した人だけでなく、現地で救援活動に携わる人、さらには病気で苦しむ人など、たくさんの人々に大きな勇気を与えました。私の知人で、末期がんの闘病中だった人も、「『私も頑張るから、あなたも一緒に頑張りましょう』と、励まされた気がする。出直しを恐れず、前を向いて、できることをさせていただきたい」と話してくれました。

人間は不安や心配事が大きければ大きいほど、他人のことを考える余裕はなくなるものです。しかし田中さんからは、間近に迫る死の恐怖や不安は一切感じられません。それはきっと、「困っている人たちのために、自分にできることはないだろうか」と、常に考えていたからだと思います。

たとえ明日の命も分からない、深刻な状況に置かれていても、人さまに喜ばれることを考えて一生懸命取り組めば、不安はおのずと消えて、明るく勇んで通れるようになります。それこそが、真のたすかりの姿なのです。

田中さんが身をもって示されたおたすけの精神を、私たちも、いま一度心に治め、道のようぼくとして、日々しっかり通らせていただきましょう。

〝本心〟を変える努力をしよう

ご婦人さんたちに、「好きな言葉は何ですか？」と尋ねると、たいてい最初は「たすけあい」「ひのきしん」「たんのう」などと答えてくれます。さらに続けて、「もうないの？　あと十個ほど言ってごらん」と促すと、今度は「三割引！」「大特価！」「激安！」といった言葉が元気よく返ってきます。この手の言葉はポンポン出てくるんです。初めのうちはきっと「本部の先生の前だから、お道の言葉を言わなきゃ」と理性を働かせたのでしょうね。

どんな人にも必ず本心があります。本性とか、本能と言ってもいいでしょう。いつでもどこでも本心のままに通っていたら、人間関係はめちゃくちゃになってしまいます。だから、たいていは自制して本心を抑える。これが理性です。

でも、どうしても抑えられないこともあります。すると、どうなるか。たとえば、でたらめなことを言って、周囲に嫌な思いをさせるとします。たちまち、そこらじゅうに「ほこり」がブワーッと舞い上がって、運命がどんどん落ちていくのです。

教祖は、教えの実行を通して本心を抑えなさいよ、さらには、本心を変えなさいよ、という意味のことを仰《おっしゃ》っています。

人は物事が思い通りにいかないとイライラします。おいしい物を食べ、立派な家に住んでいる人がいたら、うらやましくも思うでしょう。でも、そういう「ほこり」の心が浮かばないように本心を変えることを、教祖は望んでおられるのです。そして、そのためのよすがとして「八つのほこり」をお教えくださっています。

八つのほこりの説き分けを知れば、誰もが自分に当てはまる箇所を見つけることができるはずです。それに気づいたら、表に出さないよう、ぐっと抑えるのです。出そうになったら抑え、また出そうになったら抑え……を繰り返す。本当に身についたかどうか、神様が時々〝テスト〟されることもあるでしょう。それでも努力を重ねて、意識せずともほこりが出なくなったら素晴らしい。教祖も、よく頑張ったねと、合格点を下さることでしょう。

体の使い方も同じです。言葉や目つきで人を傷つけてしまうことはよくあります。人と接するときは、心を和ませる言葉をかけ、ふわっと優しいまなざしを送りたいものです。

心の切り替えは命の切り替えと思って、日々お通りいただきたいと思います。

自分の心に声をかける

前回、人間には本心がある、という話をしました。本音のままに行動するとトラブルになるから、みんな普段は理性を働かせて本音を隠す。でも、抑えが利かない、あるいは甘くなったときに、いざこざが起きる。そうすると「ほこり」が立って、運命は一気に落ちていく。運命を落とさないために、「八つのほこり」の教えを身につけて本心を切り替えましょう、という話でした。

今回は、もう一つのポイントをお教えします。それは、「自分の心に声をかける」ということです。

そのために、まず自分の好きなお道の言葉を探してください。「おふでさき」「みかぐらうた」「おさしづ」。この三つを合わせて「三原典」と言います。いずれも、親神様の思召《おぼしめし》が書き記されたもので、天理教の教えの根幹をなすものです。

この原典のなかから、自分の好きなお歌や言葉を選んで、座右《ざゆう》の銘《めい》にしている方も多いのではないでしょうか。そうでないという方は、ぜひ見つけてください。そして、それをいつも自分の心に語りかけてほしいのです。

たとえば、「私はつい人を傷つけることを言ってしまうなあ」という人は、「みかぐらうた」の「むごいこゝろをうちわすれ　やさしきこゝろになりてこい」（五下り目六ッ）のお歌がいいでしょう。そして「むごい心はだめだよ、優しい心だよ」と、事あるごとに自分に言い聞かせるのです。「慎みが足りないなあ」という人は、「おさしづ」の「慎みが理や、慎みが道や」（明治二十五年一月十四日）。夫婦関係がうまくいっていない人は、「みかぐらうた」の「ふたりのこゝろををさめいよ　なにかのことをもあらはれる」（四下り目二ッ）。けんかになりそうになったら、「この場を収めるには、どうしたらいいだろうか？」と回避する方法を考えましょう。そうやって、自分の心に声をかけ続けていると、物事を悪いほうではなく、良いほうへと向ける努力ができるようになります。

親子や兄弟姉妹、友達、会社の同僚など、どんな人との間も同じです。努力を続けるうちに、「こう言えば、相手の気持ちは落ち着くだろう」「いまは、自分の意見を引っ込めておこう」「少し譲歩して、折り合いがつく方法を見つけよう」などと、ほこりを立てずに済むさまざまな〝技術〟が身についていきます。

人間誰しも長所もあれば短所もあります。変えなければならないところがあるのです。教祖は、それを「一寸《ちよと》のほこりがついたゆへなり」（おふでさき一号53）と仰《おつしや》います。そのちょっとのほこりを取ればいいのです。他人は取る努力をしてくれません。いかに自分の心を切り替えて、治めることができるか。その方法を模索し、実践することが、信仰するということなのです。

じっくり待ってこそ人は育つ

教会や信仰家庭の子弟が、お道を信仰していない家庭で育った人と結婚することは、よくあることです。なかには、教えを素直に受け入れて、すぐに信仰生活に馴染《なじ》む人がいる一方で、なかなか受け入れられずに、反発する人も少なくありません。

原因の一つは、導く側の焦りが関係していると思います。

休日に図書館へ行ったときのことです。小学校低学年くらいの女の子が、就学前の弟を連れてやって来ました。館内に入ろうとしたとき、女の子は弟がアメを頬張《ほおば》っていることに気づきます。そこで、「ここの図書館はな、物を食べながら入ったらあかんねんで」と注意しました。「それじゃあ、のみ込もうか?」と尋ねる弟に、女の子は優しく「いいよ。なくなるまで待ってあげるよ」と言って、玄関の階段に二人でちょこんと座り、弟が食べ終わるのを待ってから入っていきました。

普通なら、「どうしてアメなんかなめているの」「早く噛《か》んでしまいなさい」と言いたくなるでしょう。でも女の子は、弟をとがめたり急《せ》かしたりせず、食べ終わるまで待ってあげた。この余裕が素晴らしいですよね。

身近に〝お道の後輩〟ができると、私たちはうれしくなって、いろいろと助言して世話を焼きたくなります。それは悪いことではないのですが、ついつい言い過ぎたり、いきなり厳しく仕込んだりして失敗することは、案外多いものです。「分からなくても、素直についてきたらいいんだ」と強引な対応をしたら、反発されるのは当然です。

赤ちゃんに食べさせる物を選ぶのと一緒で、人に信仰を伝えるときも、その人の成人に応じて諄々《じゅんじゅん》と教え導いていくことが大切です。焦って変な物を与えて、ようやく育ってきた芽を枯らしてしまうことのないよう、腰を据えてじっくり待つ。それが、親心をもって育てるということなのです。

にをいがけ・おたすけの場合も同じです。ただがむしゃらに動き回るのではなく、どれだけ真実の心でつとめられているか。実動の成果は、その心の深さによるとも言えます。

時には厳しい態度で臨まねばならないこともあるでしょう。そのときは、相手の心の動きを注意深く見守り、「もうこれで大丈夫」というところまで寄り添って、丹精させていただく。その場の雰囲気や気分で、厳しくしたり優しくしたりすることのないよう、十分に気をつけたいものです。

この道は「たすけ一条」と聞かせていただきます。相手が真にたすかるにはどうしたらいいか深く考えて、共に歩ませていただきましょう。

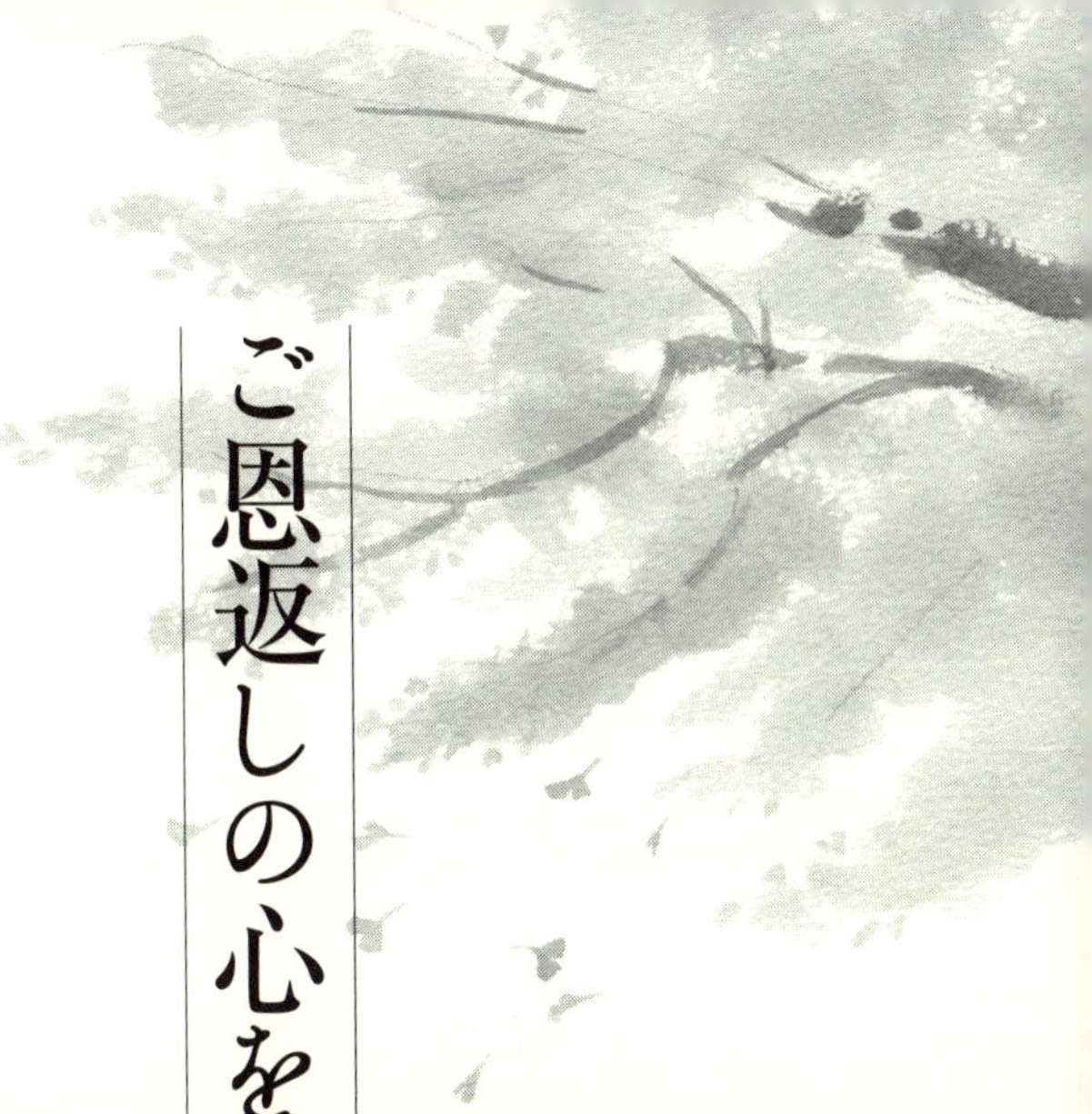

ご恩返しの心を学ぶ

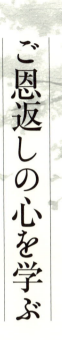

ご恩返しの心を学ぶ

二〇一一年三月十一日、日本は東日本大震災に見舞われました。未曾有《みぞう》の大節のなか、世界中からたくさんの〝温かい心〟と支援物資が届きました。

あるときテレビで、発展途上国の人がインタビューを受けている場面を見ました。その人は毎日、一生懸命働いて、ようやく二キロのお米を手に入れたとのことでした。なんと、その半分を「日本に送らせてもらいます」と、生き生きとした表情で話していました。

必死で働いて、やっと手に入れたお米です。普通だったら、「あんなに働いて、たったこれだけか」と思っても不思議ではありません。そのなけなしのお米を他人のために手放すというのです。

「なぜ、そこまでするのですか？」とリポーターが尋ねました。すると、その人はこう答えました。

「私が幼いころ、日本の援助のおかげで学校ができました。教科書も支給してもらいました。親や周囲の大人から、『全部、日本のおかげだよ』と聞かされて育ちました。いま、震災で大勢の日本人が困っています。『いまこそ恩返しをさせてもらおう』と思ったのです」

その言葉を聞いて、私は「こうした節を通して、親神様は多くの人々に思いやりの心、たすけあいの心、恩返しの心を教えようとされているのだ」と感じました。

人間は自分の力で生きているのではありません。必ず誰かのお世話になっています。一番は両親でしょう。先祖や周囲の人たちもそうです。そして何よりも、親神様、教祖《おやさま》のおかげで、私たちの今はあります。

私は修養科生たちに、こう話しました。

「『震災で多くの人が困っているときに、修養科でぬくぬくと勉強していていいのだろうか』と思う人がいるかもしれません。しかし、そうではありません。おぢばで、人間としての本当の生き方を学び、世界中の人々に伝えてほしい。これが、みなさんに対するをやの願いなのです。

世界のため、日本のため、陽気ぐらし世界実現のために、親神様のお働き、をやのご恩を深く感じ、その恩の返し方を学んでいくのです。そして、やがては一人でも多くの人に伝えていくのです」

このような大きな節の際には、親神様のお働きの理をしっかり感じ取り、世界たすけのために、それぞれの立場でできるご恩報じを真剣に考え、実行に移す。それが思召《おぼしめし》にお応えする道だと信じます。

つらいときこそ人のために

東日本大震災の被災地では、多くの方々が、学校の体育館や公民館などでの避難生活を余儀なくされました。

そうした避難所を、芸能人や有名スポーツ選手らが慰問に訪れ、「頑張ってくださいね」などと声をかけたり、支援物資を配ったりする姿が、ニュース番組などでよく取り上げられていました。そのなかに、当時、東北楽天ゴールデンイーグルスの監督だった星野仙一《ほしのせんいち》さんの姿もありました。星野さんが被災者にかけた言葉は、他の有名人たちとは少し違いました。

「みなさん、耐えるんだよ。我慢してくださいよ。負けてはだめだよ。もうちょっとだよ」

「耐えるんだよ」という星野さんの言葉は、被災した人々の心にグーッと入っていきました。この言葉を聞いた多くの人は「そうだ、頑張らなければ。つらいけれど、もう少し辛抱しよう」という気持ちになれたそうです。

教祖なら、何と仰《おっしゃ》るでしょう。やはり「たんのうだよ」と仰るのではないでしょうか。たんのうとは、与えられた姿に親神様の思召《おぼしめし》、親心を悟り、成ってくることを、喜びをもって受け取る心にならせていただくこと。つらいなかも、明るさと、強さと、陽気ぐらしを目指す勢いをもって耐えていくわけですね。

ある避難所の人たちは、「食欲がない」「水も飲みたくない」と言って過ごしていました。避難所のトイレが汚いので、トイレに行く回数を少なくするために、できるだけ水を飲まないようにしているとのことでした。

一方、別の避難所では、被災者の表情が一様に明るく、全員が普通に食事を取ったり、水を飲んだりしていました。先の避難所とは雰囲気が全然違います。なぜか。トイレが、とてもきれいだったのです。被災者の誰かが、常に掃除をしていたのです。

「つらい状況だけれども、みなさんに少しでも喜んでもらいたい。自分自身、ここから立ち上がるために、耐えたり我慢したりするだけでなく、人さまの役に立つことを何かさせてもらおう」

こんな思いで、その人はトイレ掃除に励まれたのではないでしょうか。たんのうとは、我慢して閉じこもることではありません。「世のため人のために何かできないだろうか」「苦しい状況を切り開いていくために、私にできることをさせていただきたい」――。教祖は「こんな心で〝自分の仕事〟を探すのやで」と教えてくださっていると思います。

私たちも、家庭や会社などで「自分はどうしたら役に立つだろう」「どうしたら周囲の人に喜んでもらえるだろう」と、考える力、実行する力を身につけさせていただきたいものです。

教えを心に巻きつける

「人生はタマネギのようだ」

　先日テレビを見ていたら、ある農家の方が、ぽつりとつぶやいておられました。

「人生には、苦しいことやつらいことがたくさんある。今回の地震で家が倒壊し、津波で田畑が流された。まるでタマネギを一枚ずつ剥《は》がすように、大切なものが一つひとつ奪われていった」

　このようなことを、涙ながらに話しておられました。後日、調べてみると、外国にも似たようなタマネギにまつわる格言がありました。

「人生はタマネギのようなもの。一枚一枚剝《む》いていき、時に涙ぐむ」

――長い人生、楽しいこともあるけれど、つらく悲しいことのほうがずっと多い。タマネギのように剝がされ続け、最後には芯だけが残り、丸裸になってしまう――おおよそ、このような解釈ができるでしょうか。

しかし、それで終わってしまっては意味がありません。私たちお道の者は、剝がされて丸裸になるのではなく、その代わりに教えを纏《まと》わなければなりません。「たとえ身ぐるみ剝がされて、すべてを失っても構わない。その分、教えを心と体に、しっかりと巻きつけるんだ」という強い気持ちで、節を受けとめさせていただくのです。

私たちの体は親神様からのかりもので、心だけは自分のものと教えられています。節に出合うたびに、一つ教理を吸収して、一つ生まれ替わる。人間本来のきれいな心と魂に、教えをグルッと巻きつけて、少しずつ成人させていただくのです。

「おふでさき」に、

このせかい山ぐゑなそもかみなりも
ぢしんをふかぜ月日りいふく
このはなしなんとをもふてきいている（六 91）
てんび火のあめうみわつなみや（六 116）

とありますように、さまざまな自然災害を通じて親神様の「ざねん（残念）・りいふく（立腹）」をお見せいただくことがあります。しかし、それは決して人間を苦しめるためではなく、「節を通じて、しっかりと心をつくりなさいよ」と思召《おぼしめ》されてのことなのです。

人は生きている限り、つらく悲しい出来事に出合います。そんなときは、思いきり涙を流してもいいのです。しかし、それで終わるのではなく、親神様の思召《おぼしめし》をよく思案して、より深く教えを学び、身につけさせていただきましょう。人生の節には、どこまでも子供可愛《かわい》い一条の〝をやのメッセージ〟が込められているのです。

人のためにたすかりたい

未信仰の女性が、近所のようぼくからにをいを掛けられ、教会へ足を運ぶようになりました。当時は身上や事情の悩みもなく、それほど深い信仰ではありませんでした。しかし、それから十数年後、がんに侵されていることが分かり、治療をするも体中に転移していきました。〝理の親〟の勧めもあり、彼女は藁《わら》にもすがる思いで修養科を志願しました。

彼女の付き添いの人も一緒に志願し、二十四時間態勢でサポートしてくれました。また、担任の先生をはじめクラスの仲間たちも、おさづけの取り次ぎやお願いづとめを勧めて、たすかりを願う日々を送りました。

そんななか、定期検査の日がやって来ました。

「おぢばにいて、多くの方々が祈ってくださるのだから、きっといい結果が出るに違いない」

彼女は期待に胸を膨《ふく》らませて、病院へ向かいました。

検査の結果、ほかの臓器へのさらなる転移は見られず、がん細胞も大きくなっていないことが分かりました。医者も「良かったですね」と、わが事のように喜んでくれました。しかし、彼女の心中は複雑でした。

「病状が悪化していなかったのは、素直にありがたいと思いました。けれども、多くの方々が私のたすかりを祈り、真実の心を寄せてくださっていることを思えば、がんが消えたとか、どんどん小さくなっているというような大きなご守護を頂いて、みなさんに報告したかったのです」

がんが完治して命がたすかることで、応援してくれている方々に安心してもらいたい、喜んでいただきたい——。彼女の本当の願いに、私は深い感銘を覚えました。

人は誰もが幸せを願って生きています。身上や事情をお見せいただいたら、ご守護いただけるよう、わが身のたすかりを懸命に祈るものです。けれども、そこから一歩成人すると、この女性のように、自分のことよりも「人さまに喜んでいただきたいので、どうぞたすけてください」というような祈り方に変わっていくのです。彼女は修養科で大勢の人々の真実を頂きながら、教祖の教えに沿った心の使い方を学びました。

たすかる道を歩き始めたこの女性に実行してほしいのは、さらなる心づくりです。私は彼女に言いました。

「がんが消えなくてもいいんだよ。がんと共に生きて、神様の御用や世の中の役に立つことを精いっぱいさせていただければ、それで結構。まずはこういう精神にならせていただこうね――」

こんな心になれたら、親神様が放っておくはずはありません。すべてをお任せして、いまを喜んで生きれば、やがてその日が来ると信じます。

親孝行が家運を伸ばす

修養科の感話大会で、こんな話をした人がいました。

「ある日、詰所の風呂で、隣に座った初老の男性から『ちょっと背中を流してもらえないか』と頼まれた。その男性の背中をこすりながら、ふと思った。『僕は親の背中を流したことがあっただろうか』。そして自分は、親孝行が足りないことに気がついた」

また別の人は、こんな話をしてくれました。

「修養科に来るまでは、親は子供に尽くして当たり前だと思っていた。だから、どれだけ苦労や迷惑をかけても、反省したことはなかった。でも、先生やクラスの仲間たちから『親孝行をしてきたから、こんなに結構になった』、あるいは『親不孝なことを重ねてきたので、こんなことを見せられた』といった話を聞くうちに、自分がどれほど親を悲しませてきたか、ようやく気づいた。地元に戻ったら、これまでの分を取り返すつもりで親孝行して、両親に喜んでもらいたい」

この二人は、修養科で大事なことを学びました。それは、親孝行の大切さです。

普段考えたことがないという人も思い起こしてみてください。私たちは、親にどれほど世話になってきたことでしょう。生み育ての苦労はもちろん、時には人さまに頭を下げて、陰日なたとなって守ってきてくれたのではないでしょうか。子供にとって親孝行は、どれだけしても、し足りないものです。

幸せの道を行こうと思っても、親の恩が感じられないようでは始まりません。親孝行が足りないと思う人は、背中を流すことからでもいいから、ぜひ実行していただきたい。「両親は出直しているので親孝行できない」という人は、お墓の掃除でもいいのです。墓石の表だけでなく、後ろへ回って背中を流すように裏側もピカピカに磨く。「遅ればせながら、いまから親孝行させていただきます」と、感謝の気持ちを込めて実行したら、親御さんの御霊《みたま》は、さぞかし喜んでくれると思います。

私の知人に、毎年「母の日」と「父の日」に、必ず両親の墓参りをしている女性がいます。高齢になっても杖《つえ》を突きながらお墓まで歩いて、掃除や草取りに励む。いつまでも親を思う女性の姿は、言わず語らずの仕込みとして、子や孫にも親孝行の大切さを伝えています。そんななかで、家庭の雰囲気は明るくなり、家運もぐんぐんと伸びています。

親孝行、親への恩返しは、親神様、教祖へのご恩報じにもつながります。親々に喜んでいただけることは何かと考えて、一つでも始めていただきたいと思います。

桜が教えてくれたこと

春は桜の季節です。咲き満ちる桜花を眺めていると、寒い冬に縮こまっていた体が目覚めて、調子が良くなってくるような気がします。みなさんは、いかがですか。

私が結婚したのは桜の季節、春四月でした。当時のことを思い出して、つい最近、妻にこんなことを言いました。

「おまえは面食いやったのう」

そうしたら、ぷいっとあっちを向いて、怒ってしまった。「あなたは、そうではないの⁉」ということなのでしょう。「こりゃいかん。まずいことを言うたな」と、すぐに反省して、

「昔は二人とも面食いやった。だから夫婦としてまとまったんやで。片方だけだったら、きっと問題が起きていた」

と弁解しました。

その後、自分の顔を鏡で見て、もう一度、反省しました。こんな顔で、あんなセリフをよう口にしたもんや、と。

冗談はさておき、人間の体はピークを過ぎると、必ず下降線をたどります。若いころは体力があっても、だんだんと衰えていきますよね。桜の一年も人生に似ていると、私は思います。

修養科の朝礼が行われる広場には、大きな桜の木があります。この木はいつも、少し遅咲きです。四月から志願する修養科生に喜んでもらおうと、咲きたいのを辛抱しているように、私には感じられました。まるで、周囲の桜がどんどん咲いていくのを見て、焦りながらも我慢して、始業式のころから咲き始め、みんなをできるだけ長く楽しませ、そして散っていく。そんなふうに見えました。

この桜の姿から、私は学んだことがあります。

私たちは、教理を学んだり、お道の講話を聴いたりした直後は、「腹を立てないようにしよう」「温かい言葉を出そう」「にこやかな表情で毎日を過ごそう」などと思うものです。けれども、しばらくすると忘れてしまい、ついカーッとしてしまったりする。あるいは、調子が良くて気分が乗っているとき、反対にストレスを抱えて苦しいときなどに、癖性分《くせしょうぶん》がポロッと出たりします。そうなりそうなときこそ、「自分に負けちゃいけないよ。教えをしっかり守るんだよ」と、踏ん張り続けることの大切さを、親神様は桜を通して教えてくださっているように思うのです。

また、桜は毎年きれいに咲くけれども、十日も経《た》てば散ってしまいます。その姿から、こんな話も修養科生にしたことがあります。

「いま私たちは一生懸命、大切なことを学び、吸収している。桜は散ってしまうけれど、私たちの心は散ってはいけない。教えをしっかり、この手に握りしめて通らせていただこう」

　一本の桜からも、いろいろなことを学ぶことができます。「きょうはどんなことが学べるだろう」。そんな気持ちで、毎日を朗らかに過ごす心が、運命を変えていくのです。

松下幸之助が天理で学んだこと

人間誰しも幸せになりたいと願っています。親神様は、人間が幸せに暮らせる方法、幸せをさらに増やす方法を、教祖を通じて教えてくださいました。その方法にはいろいろありますが、「おふでさき」に、

めへ／＼にむねのうちよりしいかりと
しんちつをだせすぐにみへるで　（七　32）

とあります。「真実」とは何か、「出せ」とはどういうことなのでしょうか。

まず、出すとはどういうことか。それは、「力を出す」ということです。

たとえばスポーツ選手は、良い結果を出すためにたくさん練習します。練習を終えるころにはヘトヘトになっていますが、毎日続けると体は鍛えら

れて筋力がつき、技術も身につきます。音楽家も同じです。練習は大変でも、美声が出るようになったり、難しい曲を演奏できるようになったりします。膨大な時間を費やしますし、エネルギーも使いますが、代わりに素晴らしいものを得ることができます。

では、真実とは何でしょう。松下《まつした》電器産業（現・パナソニック）の創業者・松下幸之助《こうのすけ》さんは、昭和七年、熱心なお道の知人に誘われて、初めて天理を訪れました。ちょうどそのころ、現在の神殿と南礼拝場、そして教祖殿の普請が行われていました。全国各地から集まった大勢の信者たちが、喜々として普請のひのきしんに励み、おぢばは人々の熱気であふれ返っていました。その光景を見て、幸之助さんはハッとします。

「いままで、どうすれば儲《もう》かるかということばかり考えて、社員たちに売れるものを作るよう発破をかけてきた。しかし、天理の人たちを見て気がついた。彼らは、うちの社員よりも生き生きと働いている。それがすべて奉仕だという。なぜか。天理には人だすけという尊い使命があるからなのだ。では、松下電器にとっての使命とは何か。それは人々に喜ばれるものを作ることだ。人の役に立つもの、社会に貢献できるものをどんどん作ろう。そして社員たちにも、仕事を通じて生きがいを感じてもらおう」

それから幸之助さんは、会社の方針を大きく変えたそうです。その後、売り上げも順調に伸び、松下電器は日本有数の大企業へと成長しました。

このように、「人に喜ばれることは何か」と考えて行動することが、親神様の求められる「真実」なのです。周囲に困っている人がいたら、どんな言葉をかけようか、どんな手助けをしようかと考えて実行に移す。その姿を認めたら「すぐにみへるで」、つまり「すぐに働くよ」と親神様は仰《おっしゃ》っています。

「きょうも私は真実の心を出しているだろうか」と日々自らに問いかけながら、成人への道を歩ませていただきましょう。

〝心のシートベルト〟を締めよう

飛行機に乗ったことのある人はご存じだと思いますが、客室乗務員は乗客に「シートベルトをお締めください」と呼びかけます。離陸の前は機内を巡回して、乗客全員がきちんと締めているかを確認し、離陸してベルト着用サインが消えた後も、着座しているときは常に締めるようアナウンスします。乗客の安全のため、しつこいくらいに何度も注意を促します。

そうそう、かつて飛行機に乗ったとき、こんなことがありました。

隣に座ったご婦人が真っ赤な顔をして、

「飛行機って、苦しい乗り物ですねえ」

と言うのです。よく見たら、ワンピースのベルトを一生懸命締めている。

「ちょっと、それ違いますよ。シートベルトを締めるんですよ……」
ウソのようなホントの話。

親神様は、私たち人間に〝生きていくためのシートベルト〟の締め方を教えてくださっています。それが、この道の教えです。しかし、いくら教えを学んでも、このご婦人と同じように、〝自分のベルト〟ばかり締めている人が結構いるのです。

たとえば、お道の講話で「夫婦の心を治めることが大切」という話を聴いて「なるほどその通り」と得心する。そこまではいいのですが、その後、自分の夫や妻に「あなたのこういうところが良くないから、直さないとね」と言って、相手を変えようと一生懸命になる人がいます。これでは、自分のベルトを締めているのと一緒です。

教えに納得したら、「まず自分が変わらせていただこう」という意識を持って実行に移す。癖性分《くせしょうぶん》を自覚し、心の持ち方を変える努力をする。これが正しいシートベルトの締め方です。その姿を見て、相手もおのずと、自分のシートベルトを締めるようになるのです。

お道の教えには、幸せに導いてやりたい、運命を変えてやりたいとの親神様の思いが込められています。「あの人の行いは教えから外れている」「この人はここがおかしいなあ」などと、自分のことは棚に上げて、人の批判ばかりしていませんか。

教えを聞かせていただいたら、誰かの顔を思い浮かべるのではなく、「私にも当てはまるかもしれない」と自らを省みて、一つひとつチェックしていきましょう。それが結果的に、自分がたすけていただく元になるのです。

ある老婦人の決断

修養科では、三カ月の間に別席を運び、おさづけの理を拝戴《はいたい》することができます。教理を学び、ひのきしんに励み、たすけ心を育《はぐく》む修養生活のなかで、おさづけの理をまだ戴《いただ》いていない修養科生は順次別席を運び、修了前にそろって〝晴れの日〟を迎えます。

ある期の、おさづけの理拝戴の日のことです。一人のおばあさんを囲んで、クラス担任をはじめ組係の修養科生たちがわんわん泣いていました。「どうしたのですか?」と尋ねると、「深刻な身上を頂いて余命一カ月と言われていた八十七歳のおばあさんが、無事におさづけの理を拝戴することができたんです」と教えてくれました。

先生やクラスの仲間たちは、おばあさんになんとかたすかってもらいたい一心で、おさづけを取り次いだり、お願いづとめを勤めたり、自分たちにできることを精いっぱいやってきたのでしょう。彼女たちの感激の涙を目の当たりにして、自分もしっかり努めなければと、おたすけへの思いを新たにしました。

それにしても、このおばあさんは、本当に素晴らしい決断をされたと思います。

余命一カ月と言われたら、普通は「残された時間は家族と一緒にいたい」「住み慣れた家で静かに過ごしたい」と思うでしょう。しかし、この方は、将来のために、そして子供や孫に真実の生き方を伝えるために、いま何をするべきかと考え、たとえ苦しくても、この道を通ろうと覚悟を決めて、修養科を志願されたのです。

この「将来」には、すぐ先の未来だけではなく来生《らいせい》も含まれています。

お道では、人間の魂は生き通しで、出直しても生まれ替わって、またこの世に帰ってくると教えられているからです。

私たち人間が何を考えてどんな行動を取っているのか、親神様は常に見ておられます。そして、どの方向を選ぶのかが自分の将来を決定づけるのです。おばあさんは体はつらくても、修養科という〝ベストな道〟を選び、鮮やかなご守護を頂かれたのでした。

私たちはいつも何かを決断して生きています。人生の大きな転機となる進学や就職、結婚などもそうですし、普段の生活でも、いまこの瞬間も何かを考え、決断しています。私たちの毎日は〝決断の連続〟なのです。

どんなときも、正しい道、幸せに向かう道を選んで通らせていただきたいものです。お道の教えをしっかりと心に治めることができれば、判断力、判断の基準は、おのずと身についてきます。

周囲を思いやる人になろう

本部神殿で奉仕の当番を勤めていたときのことです。静かにぬかずいている参拝者のそばに、一人の男性が座りました。一礼して柏手《かしわで》を打ったのですが、その音がびっくりするほど大きかったのです。あの広い礼拝場に「パーン!」と響き渡ったものですから、隣の人は驚いて飛び上がってしまいました。

言うまでもなく、神殿を訪れる人はみな、身上や事情をご守護いただいたお礼や、人さまのたすかりのお願いなど、さまざまな思いを込めて祈りを捧《ささ》げておられます。この男性のような振る舞いは、厳かな気持ちで神様と向き合っている人たちを困惑させてしまいますよね。どうしても柏手を強く打ちたいなら、ほかの人から離れた所に座るなど、周囲を思いやる人になりたいものです。

米コロンビア大学名誉教授で、日本の文学や文化を長年研究しているドナルド・キーンさんは、「日本人は心の奥底に素晴らしいものを持っている」と称賛しています。

キーンさんは東日本大震災後、日本国籍を取得しました。あるインタビューのなかで、「津波に家を流されても取り乱さず、人を思いやる日本人の姿を見て誇りが湧き上がった。日本人として残りの人生を過ごしたい」と、帰化しようと思ったきっかけを明かしています。

私は日本人に限らず、人間の心は本来とてもきれいなものだと思います。それは、世界中の人間はみな、親神様の子供だからです。この世界にオギャーと生まれてきたときは、誰もがピカピカの心なのです。しかし、わがものである心を自由に使わせていただくなかで、つい不足をしたりして、ほこりを積んでしまいます。

　誰しも気の合わない人や苦手な人はいるものです。嫌な目に遭ったり、腹の立つことに出くわしたりしたら、こう考えてはどうでしょう。

「この人も親神様の子供。本当の心はとてもきれいなんだ。いまは、たまたまほこりが付いて心が曇っているから、良くないことを言ったりしたりしてしまうのだろう」

　そう思えば、こちらの怒りも半分くらいに減るような気がしませんか。

　他人ばかりではありません。自分自身も「周りの人に不快な思いをさせていないだろうか」と、時々言動を振り返ってみましょう。心が曇っていれば、その原因であるほこりを払って、きれいな心に戻す努力をしましょう。

　キーンさんが研究を重ねて見つけた、日本人のきれいな心。私たちお道の者は、教祖からすでにその元を教えていただいているのですから。

お道は運命が変わる教え

人間には、持って生まれた運命があります。みなさんのなかには、自分の運命に満足している人もいれば、「私の運命はどうしてこんなに悪いのかしら」と嘆いている人もいるでしょう。

お道は、運命を変えていただけるありがたい教えです。教祖は、「こうすれば運命は伸びていくよ」と直接は仰《おっしゃ》っていませんが、「おふでさき」「みかぐらうた」「おさしづ」の「三原典」や、教祖に導かれた先人たちのお話のなかに、間接的に仰せになっていると思われるものがたくさんあります。

『稿本《こうほん》天理教教祖伝逸話篇《いつわへん》』一六「子供が親のために」は、その代表的なものの一つでしょう。

十五歳の桝《ます》井《い》伊《い》三郎《さぶろう》少年が、母・キクさんの身上をたすけていただこうと、一日に三度、教祖のもとへ足を運びます。一度目も二度目も、教祖は「救《たす》からん」と仰います。しかし、三度目のお願いに上がったとき、「救からんものを、なんでもと言うて、子供が、親のために運ぶ心、これ真実やがな。真実なら神が受け取る」と仰せになり、キクさんはご守護いただいたのです。

運命を変えていただくには、伊三郎少年のように、真実の心で運ぶこと、また、おつとめを勤め、にをいがけ・おたすけ、ひのきしんなどを真剣に実践することが、何よりも大切なことです。

さて、これまでの人生を振り返ると、「あのときは危なかった。九死に一生を得た」という経験がある人は、案外多いのではないでしょうか。実は私も、四回たすけていただきました。一番最近では、数年前に車に乗っていて、トラックと衝突事故を起こしました。トラックの運転手がすんでのところでハンドルを大きく切ってくれたおかげで、車は破損したものの、私は奇跡的に無傷で済みました。もうあと何センチか前に出ていたら……と思うと、いまでも、ぞっとします。

この事故は、「御用をもっとしっかり勤めるように」との親神様の思召《おぼしめし》であり、温かい励ましだと、私は受けとめました。また、親代々の伏せ込みのおかげで、いざというときにたすけていただいたのだとも思いました。これを機に、ご恩報じの道を一層力強く進ませていただこうと、決意を新たにしたのです。

子供の場合、「十五歳までは親の心通りの守護」と聞かせていただきますから、見せられる事柄は両親の心づかいや日々の通り方の反省を促されていると考えられます。一方、子供の立場から考えると、前生《ぜんしょう》から持ち越したいんねんの現れ、あるいは「将来、おまえを道の御用に使いたい」という「神の用向き」として引き寄せられた、と考えることもできるでしょう。

身上や事情には、必ず親神様の〝メッセージ〟が込められています。「なぜ？　どうして？」と悲嘆するのではなく、「親神様が励ましてくださっているに違いない」と受けとめて、思召を悟る努力をしましょう。そして、悟ったことを実行する。親神様にもたれ、教えを素直に守って日々を積み重ねるところに、良き運命に守られる理ができていくのです。

元気な体をお借りするには

友人たちと花見に出かけたときのことです。満開の桜を愛《め》でながら、大好きなまんじゅうを頬張《ほおば》っていると、一人の友人が「いい年して、そんなに甘いものばかり食べて大丈夫なのか?」と、少し恨めしそうに言ってきました。

聞けば、お医者さんに「あなたは血糖値が高いので、お酒は一日一合まで。甘いものも控えてください」と言われているとのこと。「たくさん食べても平気な人は平気なのに、どうして僕はあかんのかなあ……」と肩を落としていました。

食べたいものを我慢するのはつらいものです。しかし教祖は、その〝どうして〟のなかに原因があるんだよ、それをよく思案しなさいよと、仰《おっしゃ》っておられるのです。

私たちの体は、親神様から人間への貸しもので、人間の側からは借りものです。心だけは我《わ》がものとして、自由に使うことを許されていますから、目、耳、両手、両足など体の九つの道具を、自分の思い通りに動かすことができます。

しかし、それもすべて、親神様の絶え間ないご守護のおかげです。

「おさしづ」に、
人間というものは、身はかりもの、心一つが我がのもの。たった一つの心より、どんな理も日々《にちにち》出る。どんな理も受け取る中に、自由自在《じゆうじざい》という理を聞き分け。

（明治二十二年二月十四日）

とあります。親神様は、私たちの日々の心づかいを見定めたうえで、心通りの守護をしてくださいます。いくら健康に気を使っていても、思召《おぼしめし》に沿わない心づかいで通っている人には、「それじゃだめだよ」と、身上にしるしをつけて教えてくださるのです。

このことを友人に伝えると、「じゃあ、この体はレンタルなのか？」と聞いてきました。そこで続いて、次のような話をしました。

たとえば、レンタサイクルで自転車を借りるとき、当然レンタル料を払います。貸す側は、ブレーキの利きやタイヤの空気圧などを、きちんと点検・整備して貸してくれるので、客は快適に乗ることができます。

人間の体も同じです。親神様が常にお働きくださるおかげで、ご飯を食べれば栄養が身につき、休めば疲れが取れるのです。「だから、私たちも〝レンタル料〟、つまり体をお借りしているお礼を疎《おろそ》かにしてはならないんだよ」と。

人のものかりたるならばりかいるで
はやくへんさいれゑをゆうなり
（おふでさき 三 28）

その方法は、朝夕のおつとめはもとより、ひのきしん、にをいがけ、つくし・はこびなど、いろいろあります。自分にできる感謝の行いを通して、この先もできるだけ長くお借りできるよう、しっかりと伏せ込ませていただきたいものです。

ひまわりがつなぐ〝たすけの輪〟

あるとき、藤野《ふじの》さんというご夫妻が修養科を志願してこられました。夫の芳雄《よしお》さんは、「はるかのひまわり」運動を始めたことで知られる方でした。

一九九五年、神戸でうどん店を営んでいた藤野さん夫妻は、阪神《はんしん》・淡路《あわじ》大震災で被災しました。

芳雄さんは、娘の同級生で近所に住む小学六年生（当時）のはるかちゃんが、がれきの下敷きになったと聞き、急ぎ救助に駆けつけましたが、残念ながら、はるかちゃんは亡くなっていました。

震災から半年後の夏、彼女の自宅跡にたくさんのひまわりが咲いているのを見た夫妻は、いつも笑顔だったはるかちゃんを偲《しの》ぶとともに、命の尊さを伝えようと、ひまわりの種を全国に普及させる活動を始めました。活動に賛同する人々が徐々に増え、各地で「はるかのひまわり」が育てられるようになりました。さらに、種は海外へ渡り、インドネシアのスマトラ沖地震の被災地やアメリカ同時多発テロ事件の現場であるワールドトレードセンター跡地でも花を咲かせました。そして、東日本大震災の被災地などにも、この運動は広がっていきました。

そのようななか、芳雄さんの体にがんが見つかりました。数度の手術を受けるも、がんは体中に転移。病院でさじを投げられた末、神様におすがりしようと、夫婦で修養科を志願したのでした。

芳雄さんは、担任の先生をはじめ、クラスや同期の仲間たちに励まされながら修養生活を送っていましたが、容体は徐々に悪化し、二カ月目のとき「憩《いこい》の家」に入院。そのまま帰らぬ人となりました。

入院中の芳雄さんは、いつもニコニコと笑顔で過ごしていたそうです。見舞いに来た人が「痛くないのですか?」と尋ねても、「痛そうな顔をすると、妻や世話をしてくれる人たちに心配をかけるから」と、決して弱音を吐きませんでした。それぱかりか、同じ病室の人にも気を配り、「少しでも人の役に立ちたい」と話していたといいます。

ひまわりが太陽に向かって咲くように、芳雄さんの心は、親神様、教祖に真っすぐ向いていたのでしょう。だから、どんなにつらくても、最後までおたすけの精神で通ることができたのだと思います。

身上や事情を抱えているとき、人はそのことで頭がいっぱいになってしまいます。しかし、そんなときこそ、周囲に心を配り、何か一つでもできることを探して行わせていただきたいものです。その姿が人々の心に映れば、勇みの種となり、〝たすけの輪〟が広がっていきます。

芳雄さんが出直した翌年の五月、かつての修養科のクラスメートが「親里にもひまわりを」と提案して、天理高校農事部の協力のもと、おやさとやかた真南棟近くの花壇《かだん》に種が蒔《ま》かれました。

「こどもおぢばがえり」に帰り集った大勢の子供たちを、大輪のひまわりが優しく見守っていました。

前生を悟る方法

「私の前生《ぜんしょう》は誰だったのでしょうか？　できれば、未来や来生《らいせい》のことも教えてほしいのですが」

以前、こんなふうに尋ねられたことがあります。

前生や来生は誰にも分かりません。でも、この方のように、自分はどこで何をしていたのか、今度はどんなところに生まれてくるのか、知りたいと思ったことは、誰にでもあるのではないでしょうか。

前生は確かにあります。そして、人間の今生《こんせい》は、前生までに通ってきた道すがらのうえに成り立っています。さらに、今生の通り方によって、来生への〝レール〟はほぼ決まります。これは、教祖が教えてくださった厳然たる事実です。

前生・今生・来生の関係は、たとえるなら、夜眠ったときと朝目覚めたときは必ず同じ布団の中にいるようなもので、「翌朝は別の布団で起きました」なんてことはないわけです。もし別の布団で目を覚ましたら、これはちょっとややこしい……。

冗談はさておき、布団のたとえを使って、もう少し考えてみましょう。自分が寝ている間の様子は覚えていなくても、目を覚ましたときの状態によって、寝相良くしていたのか、ぐるぐる動き回っていたのかなど、ある程度は想像がつきますね。同じように、前生をはっきりと知ることはできなくても、わが身や周囲に起きていることなど、それぞれの置かれた環境を通じて、自分なりに悟らせていただくことはできると思います。

ある先生は、自身の前生について次のような悟りを話しておられました。

「私は生まれたときから体が小さくて、大人になっても、ほかの人より、ずいぶんと小柄です。親神様は、なぜ私の体を小さくつくられたのだろうと、ずっと疑問に思っていました。でも、あるとき、こう悟ったのです。前生の私は、きっとお相撲さんみたいに体が大きくて、態度も偉そうだったから、親神様は『ふんぞり返らず、低い心で通りなさい』というメッセージを込めて、今生の私をつくられたのだろう、と」

これはあくまでも悟りです。この先生はそう悟って、自分を戒められたわけです。

人間はみな生まれ替わり出替わりを繰り返すなかで、善い種も悪い種も蒔《ま》いてきています。悪い種が芽吹いて大きくなりすぎると、親神様は、「このまま行ったら、谷底に落ちてしまうよ」と、あの手この手でお知らせくださいます。そのとき、レールを切り替えていただく手立てとなるのが、この道の信仰なのです。

お道では、成ってくることは「通り返し」とも聞かせていただきます。

困ったことがあったら「前生の反省を促されているのかな」、うれしいことがあったら「前生で頑張ったのかな。これを励みに進んでいこう」というように、低い心で悟らせていただいて、今生の通り方を思案していただきたいと思います。

そうやって親神様のメッセージが心に治まれば、信仰に勢いがつき、勇んで通らせていただけるようになります。それが、明るい未来や来生につながっていくのです。

長寿の秘訣は教えのなかに

先日、八十五歳のおじいさんとお話をする機会がありました。

「いつもお元気で、素晴らしいですね」

「実は、一つ心配なことがある」

「かくしゃくとしておられるのに、何が心配なのですか?」

「私の手相を見てみ、生命線が短いやろ?」

八十五歳で十分お元気なのだから、手相なんて関係ないのでは……と思いましたが、すぐに「このおじいさんは百十五歳を目標にしているから、生命線の長さが気になるんだ」と合点がいきました。

みなさんは、大川《おおかわ》ミサヲさんという方をご存じでしょうか。二〇一五年に百十七歳で亡くなるまで、世界最高齢としてギネス世界記録に認定されていた女性です。

大川さんは一八九八年、大阪の呉服店に生まれました。百二歳のとき足を骨折した以外に、大病を患ったことがなく、百十歳まで車いすを使わずに歩くことができたそうです。

大川さんのように、百歳を超える高齢者が元気で長生きできるのはなぜか、その秘訣《ひけつ》を探る調査や研究が、いま盛んに行われていて、新聞やテレビでも時々報じられています。私は、それらを見聞きして、お道の教えのなかにこそ長寿の秘訣があると、あらためて感じました。

長寿の方の多くは、体が不自由で一人で外出できなかったり、寝たきりで過ごしていたりしても、「毎日幸せでありがたい」「いまの生活に満足している」などと感じているそうです。また、嫌なことがあっても引きずらず、気持ちの切り替えが上手《じょうず》な人が多いということでした。これはまさに、私たちお道の者が目指す生き方です。長寿の方々は教理を知らなくても、そうした〝本物の生き方〟が自然と身についているのです。

そうでない私たちは、自分が本物になるまで繰り返し努力することが大切です。思い通りにいかない状況にあっても、我慢や辛抱という消極的な捉え方ではなく、喜べることを見つけて心明るく通る。「うれしいな」「幸せだな」「ありがたいな」と、喜びの声を出せば出すほど、運命はどんどん伸びて、長く生かしていただけるのです。

「おふでさき」に、

しんぢつの心しだいのこのたすけ
やますしなずによハりなきよふ　(三　99)
このたすけ百十五才ぢよみよと
さだめつけたい神の一ぢよ　(三　100)

とあります。

日々を明るい心で過ごすことはもとより、親神様、教祖にお喜びいただけるよう、世の中や人さまの役に立つことを、一つでも多くさせていただきましょう。そうした教えの実践の先に、百十五歳定命《じょうみょう》と陽気ぐらし世界実現への道が開けるものと信じます。

神様の居心地の良い場所に

朝、人に会ったら「おはようございます」とあいさつしますよね。では目覚めたとき、親神様に「きょうも目を覚ましていただき、ありがとうございます」とお礼を申し上げている人は、どれくらいいるでしょうか。

起きているときはもちろん、就寝中も心臓は鼓動し、肺は呼吸を続けています。これは、親神様が絶えずお働きくださっているおかげです。「もう朝か。まだ寝ていたかったのに……」などと不足しては、親神様はがっかりされます。パッと布団から起き上がって、気持ちよく一日のスタートを切らせていただきましょう。

さて、以前、ようぼくのお医者さんがこんな話をしてくれました。

「人間の体内には一日に四、五千ものがん細胞が発生しますが、夜、眠っている間にすべて消えてしまいます。これは、免疫細胞が、がん細胞を攻撃して全滅させるからです。ところが、なかには少し残ったり、半分残ったりする人がいる。それが積み重なって、がんが発病するのです」

そこで、がん細胞が消える人と残る人の違いは何なのか尋ねると、「昼間の心づかいが関係しているのではないでしょうか」と答えが返ってきました。「人は起きている間、さまざまな思いを巡らせて行動します。親神様はそれをご覧になり、『ほこりの心をたくさん使っているな』『人が嫌がることをしているな』と思う人に注意される。その一つの方法として、がん細胞を残されるのだと思います」と、自身の見解を話してくださいました。

世間では、がんになる原因として、食生活、ストレス、生活習慣などが注目されています。とりわけ、「○○を食べてはならない」「こんな食べ方をしたらがんになる」などと、食べ物とがんの関係を謳《うた》った本やテレビ番組が話題になっているようです。

私たちお道の信仰者にとって一番大切なことは、親神様の御心にかなう心づかいで日々を通ることです。

教祖は、恩が重なり過ぎると運命は落ちるよと、教えてくださいました。また、人が汚い所を避けるように、親神様も、心がほこりで充満している人には入り込んで働いてくださらない、とも聞かせていただきます。

心のほこりは、自分でも気づかぬうちに積もります。「八つのほこり」の説き分けを身につけて、ほこりを積まない通り方を心がけ、毎日のおつとめでしっかりと払わせていただきましょう。さらに自分だけでなく、人にも積まさないように、心を配りたいものです。

運命は通り方一つで上がりも下がりもします。火水風をはじめ、身の内に頂戴《ちょうだい》している親神様のお働きに感謝して通れば、「ここは居心地がいいなあ。いつまでもいてやろう」と思召《おぼしめ》され、ご守護はさらにあふれるのです。

徳の器を広げるには

以前、「私の徳分はどれくらいあるのでしょうか？」と尋ねられたことがあります。

徳は目に見えないものですから、「あなたのは一メートルくらいですね」などと、メジャーで測ることも、はかりに掛けることもできません。しかしながら、お道ではよく「徳の器を大きくしましょう」と聞かせていただきます。器にどれだけ物が入るかで、目安をつけることはできるかもしれません。

たとえば、私たちはいろいろな買い物をします。大きな買い物をするときは、お金を貯《た》めて手に入れることもあります。

欲しかったものが自分の手のなかにすんなり収まる場合、それはその人の徳分に見合ったものと言えるでしょう。

反対に、手に入れてすぐ使い物にならなくなった、あるいは、何らかの理由で手放さざるを得なくなった、などという場合は、身につかないものだった、徳分以上のものを求めていたということになるのでしょう。

徳の器を大きくするには、どうすればいいか。一番の方法は、教祖の真似《まね》をさせていただくことです。教祖は、月日のやしろとお定まりになった後、親神様の思召《おぼしめし》のままに貧に落ち切られました。あるとき、こかん様が「もう、お米はありません」と言うと、教祖は、

「世界には、枕もとに食物《たべもの》を山ほど積んでも、食べるに食べられず、水も喉《のど》を越さんと言うて苦しんでいる人もある。そのことを思えば、わしらは結構や、水を飲めば水の味がする。親神様が結構にお与え下されてある」

と諭されました。

教祖は、無かったらすぐに買っておいでとか、近所から頂いてきなさい、というようなことは一切仰《おっしゃ》いません。ただ親神様のお与えを、深くひたすらに喜ばれたのでした。

無いことを嘆いたり、「あれが欲しい、これが欲しい」とむやみに求めたりせず、「お与えを喜ばせていただこう。これで結構」――こういう気持ちに心底なれたなら、徳は増えていくのです。

徳を積むもう一つの方法は、自分以外の人のために心を使うことです。

私はよく、修養科生に「運命を変えていただきましょう」という話をしました。そのためには、自分の身上や事情を「たすけてほしい」と思うだけではたすかりません。たすかる理づくりをさせていただくことが大切です。人さまのたすかりを願って、おつとめをさせていただく、おさづけを取り次がせていただく、いつか人だすけをするために教理を学ばせていただく。こうした教祖の御心にかなう通り方が徳積みとなって、自然と自分もご守護いただけるのです。

冒頭で、どれだけ徳があるかという話をしましたが、与えをどれだけ喜べるか、人のためにどれだけ心を使えるかが、その人の徳分を表していると言えます。

「教祖ならどうなさるか。どうしたらお喜びいただけるか」

常にそう考えながら、毎日をお通りいただきたいと思います。

澄んだ心を保つ方法

ある家庭でのこと、ご主人が仕事を終えて家に帰ると、奥さんがいつものように晩ご飯の支度をしてくれていました。

「きょうはどんなおかずかな？」

「今晩は見物《みもの》ですよ」

「ほう、いい物が出てくるんやろうなあ」

見物と聞いて、期待して食卓に着きます。しかし、いつもとあまり変わりありません。

「おい、どこが見物やねん」

「見物やなんて言ってませんよ。煮物と言ったんですよ」

「……」

聞き間違い、見間違い、言い間違い、勘違い、考え違いなど、人はいろいろな「違い」をして、相手と食い違うことがあります。そのとき、「私が悪かった」とすぐに謝る人もいれば、相手を責める人もいます。誰が悪いわけではないのに、思惑と違ったからといって腹を立てるのは、自分で自分の首を絞めているのと同じです。

また、こんな人もいます。

「うちの舅《しゅうと》は、私のことを『お母さん』と呼ぶんです。舅の母親だなんて、百歳を超えてしまいますよ」

「あなたのおうちでは、子供さんはもちろん、舅さんの息子であるご主人も、あなたをお母さんと呼ぶのでしょう？　家のなかでの名前が『お母さん』になっているだけで、誰も本当のお母さんだなんて思っていませんよ」

これも、物事を悪いほうにしか捉えられず、自分の運命を落としてしまうような一つの例です。

お道の信仰は、心を澄ます生き方を教えられています。澄んだ心をどれだけ保つことができるか、平常心でいられるか、親神様は一人ひとりの心をじっとご覧になっています。

嵐が来たとき、吹き荒れる風に向かって、「吹くなバカヤロー！」と叫んだところで、その辺りの物と一緒に吹き飛ばされるだけです。ひとまず安全な場所へ避難して、この後どう行動するかを考える。あるいは、スッと膝《ひざ》を折ってその場にしゃがみこみ、過ぎ去るのを静かに待つ――。

このようなイメージで、人間関係も考えてみましょう。不本意なことを言われても、イライラしたり腹を立てたりするのではなく、「なぜ、この人はこんなことを言うのだろう」と、落ち着いて原因を探ってみる。それが分かったら、こちらの心を治めてやり過ごす。これが上手《じょうず》な通り方です。

さらに、「腹が立つのは、私の心が乱れているせいだろう」と自分の心づかいを反省する。あるいは、「親神様は何か思いがあって、この人にこう言わせておられるに違いない」と、神意を悟らせていただくことができたら、より素晴らしい。

信仰で大切なことは、先に述べた「心を澄ます生き方」と、「つらいとき、どれだけ勇み続けられるか」です。イライラ、カリカリして心が乱れてきたら、「私はまだまだ成人が足りないな」と真摯《しんし》に反省して、運命を落とさぬよう、明るい心で通らせていただきましょう。

素直に謝ることができますか？

先日、知人の女性からこんな話を聞きました。

電車で隣に座っていた若い女の子たちが、キャッキャとやかましくしゃべっていた。見かねた女性が、「あなたたち、そんなに大声で騒ぐと、周りの人の迷惑になりますよ」とたしなめると、そのなかの一人が女性をキッと睨《にら》みつけ、「うるさいなあ」と言い返してきた。その女性はびっくりして、「言わなければよかった」と後悔したそうです。

しばらくして目的の駅に着いたので、そそくさと電車から降りると、なんと、その女の子も一緒に降りてきた。「どうしよう、まだ何か言われるのかしら……」と内心ビクビクしていると、その子は「さっきはごめんなさい。今度から、うるさくしないように気をつけます」と頭を下げて、車内に戻っていったそうです。女性は「声をかけてもらって、胸のつかえがスーッと下りました」と、にこやかに話してくれました。

程度の差こそあれ、生まれてこの方、一度も失敗や間違いをしたことがないという人は、おそらくいないでしょう。仕事でのミス、あるいは身近な人との関わりのなかで、「あれは失敗だったな」と後悔している出来事の一つや二つは、誰にでもあると思います。

大切なことは、自分の間違いを認めて、相手に素直に謝ることです。

この女の子たちの振る舞いや女性への失言は、もちろんいけないことです。けれども、自分の非を認めてきちんと謝った女の子は、とても立派だと思います。

この話を妻にしたら、「その子はきっと良い子に育って、将来、立派な人になりますね。でも、できれば最初から良い子がいいですよね」と返ってきました。

わが家にも孫がいますが、まだ幼いので、やって良いことと悪いことの分別がつかず、両親によく叱《しか》られています。でも、素直に「ごめんなさい」と謝る姿を見て、私はホッと安心しています。もし、怒られたことに腹を立て、ふてくされた態度を取ったら、残念な気持ちになるでしょう。

人間の親である親神様も、きっと同じように思われるのではないでしょうか。

どれだけ気をつけていても、人間失敗するときはするし、間違うときは間違います。自分の過ちを素直にお詫《わ》びすることはもとより、その出来事を通じて、少しでも成人させていただける方法を、教えを通じてしっかりと学んでいただきたいと思います。そして、学んだことを子や孫に伝えるとともに、私たちも良いおじいちゃん、良いおばあちゃんへと育つ努力を、いつまでも続けたいものです。

「まさか」を避ける方法

東日本大震災で被災した六十代の女性が、こんな話をしていました。

「津波で家が倒壊したので、しばらくの間、避難所に身を寄せていました。私のスペースは、わずかにたたみ一畳分。とはいえ、実際にたたみはなく、与えられたのは一枚の毛布だけ。お風呂も、ビニール製の簡易風呂でした。この年になって、まさかこんな目に遭うとは思いもしませんでした」

人生で「まさか」と思うような事態に巻き込まれることは、誰にでもあり得ることです。しかし教祖は、まさかを避ける方法を私たちに教えてくださっています。

平成二十七年九月に発生した関東・東北豪雨では、茨城県で鬼怒川《きぬがわ》の堤防が決壊し、多くの家が濁流《だくりゅう》にのまれる事態になりました。ところが、その流れに負けず、しかも流れてきたほかの家をも食い止めて、人命を救った一軒の家がありました。

なぜ、その家だけが流されなかったのか。それは、コンクリートの基礎に加えて、地中深くの固い地盤に、杭《くい》がしっかりと打ち込まれていたからなのです。

家を褒めるときは、たいてい「美しい屋根瓦《やねがわら》ですね」「太くて立派な柱ですね」などと、見える所を褒めると思います。しかし、あれほどの水害に見舞われると、どれだけ立派な建物でも、根こそぎ持っていかれてしまいます。流されないよう、その場に留《とど》めるためには、基礎を支える見えない杭の力が必要なのです。

ニュースでその家の映像を見たとき、私は「お道の信仰でいうところの杭とは何だろう」と考えました。

たとえばスポーツ選手は、基本的なトレーニングを毎日積み重ねて体力をつけたり、同じ練習を繰り返して技術を磨いたりします。その基本や基礎を築くものは、根性や、やり続ける粘り強さではないでしょうか。それが底力となり、その人を高みへ導いていくのだと思います。

信仰の基本は、おつとめ、おさづけ、ひのきしん、にをいがけなどです。それらも、やり続けることが大切です。特に、人さまのおたすけに掛かっている場合、どんな状況にあっても、「これだけは外せない、大事なことなんだ」と信念をもって、粘り強く続けられるかどうかを、親神様はご覧になっているのではないでしょうか。

「まさか」を避ける方法は、「支える基礎＝続ける力」にあるということを、よく覚えておきたいものです。その力が備わっていれば、まさかの事態に巻き込まれても、困難な状況を乗り越える道が見えてくるのです。

川を流れる小石のように

先日、友人から「おまえ、耳がだいぶ遠くなってないか？」と尋ねられました。「そんなことないと思うけど」と答えると、その言葉を遮《さえぎ》るようにして、こんなふうに言うのです。

「いや、遠くなってるよ。代わりにトイレは近くなったやろ。一つ遠くなって一つ近くなる。バランスが取れてるやん。良かったな、順調な老化で」

順調な老化と褒めているつもりでしょうが、私はどうも褒められている気がしませんでした。

また、ある人の結婚式に出席したときのことです。披露宴の冒頭で、司会者が「届きませんが、司会を務めさせていただきます」とあいさつをした際、近くに座っていた人たちが、小声で「全くその通りだ」「あいつに司会が務まるのかよ」と、ばかにして笑っているのです。せっかくのおめでたい席なのに、私も周りの人たちも嫌な気分になりました。

口の悪い人はどこにでもいるもので、いちいち気にしていたらきりがありません。とはいえ、自分のことを言われたら、傷ついて落ち込んだり、腹が立ったりするものです。

でも考えてみると、人に言われた嫌なことと、自覚している自分の性質とが掛け離れていれば、「バカなことを言ってるな」と、平然と受け流すことができるはずです。頭にきたり落ち込んだりするということは、案外、当たらずといえども遠からずで、自分でも思い当たる節があったり、図星だったりする場合が多いのです。ですから、そういうときは「当たっているから腹が立つんだな」「私の成人が足りないのかしら」と冷静に受けとめ、成人の機会を与えていただいたと思って、素直に耳を傾けましょう。

人の嫌がることを平気で言ったりしたりする人は「砥石《といし》」とも聞かせていただきます。周囲の人の心を磨いて回り、嫌な役を務めてくれているのです。一方で、親神様は「嫌なことが起きたとき、この人はどういう反応をするかな?」と、私たちをご覧になっています。相手の言動を恨みに思ったりせず、「親神様は、あの人を通して私の心を磨いてくださっているんだ」と、前向きに受け取らせていただくことが大切です。

また、ある先生から「人間は、川に放り込まれた一つの石ころだよ」と聞かせていただいたことがあります。石は川の中でコロコロと転がされて、周囲の石にぶつかりながら、角が取れて丸くなり、水流で磨かれて、やがてきれいに光り輝く——。お見せいただく出来事を通じて磨かれていると思えば、どんなことも喜んで受け取らせていただくことができます。

さあ、きょうも喜べることを一つでも多く見つけて、成人に向かって一歩進ませていただきましょう。

教祖はすでに教えてくださっている

先日、本部神殿で知人とばったり出会いました。その人は、あいさつもそこそこに、「どこかでお願いづとめをしていませんか？」と尋ねるのです。「なんで、そんなこと聞くんや？」と問い返すと、「人のために祈ったり人に親切にしたりすると、自分の体を元気にしてくださると聞いたので、お願いづとめを勤めたいと思いまして」と。私はすかさず「『人たすけたらわがみたすかる』の教え通り、それは当然のことやで」と返しました。すると、「それが最近、科学的に証明されたんですよ。お祈りをすると、脳から『オキシトシン』というホルモンが分泌されて、体にとても良い影響を与えるらしいんです」と言うのです。

「科学的に証明」と聞いて、私も少し調べてみました。

祈りには〝愛情ホルモン〟と呼ばれるオキシトシンの分泌を増やし、脳を活性化させ、記憶力もアップさせる効果があるそうです。また、体の免疫力が高まり、心のストレスも少なくなって、毎日を生き生きと過ごすことができる、ということも分かりました。なるほど、知人が言っていたことは確かなようです。

しかし教祖は、「人たすけたらわがみたすかる」と、すでにお教えくださっています。にもかかわらず、科学者の研究発表に飛びついて、教えは二の次ということでは、教祖に申し訳ないですし、信仰者としての姿勢も問われかねません。

人間は、人のために何かをして喜んでもらえると、こちらもうれしくなり、もっとさせていただこうという気になります。また、その喜びによって体も元気になります。

自分が何かをしてもらったときも同じです。素直に「ありがとう」と喜ぶと、お互いの間にパーッと喜びが広がります。そのように親神様がつくってくださったのです。

「おふでさき」に、

せかいぢういちれつわみなきよたいや
たにんとゆうわさらにないぞや　（十三　43）

とあるように、私たち人間はみな兄弟姉妹で、親神様から見たら可愛《かわい》い子供です。親神様は、子供同士が互いにたすけ合うことを何よりもお喜びくださり、自由自在《じゆうようじざい》のお働きをもってお導きくださいます。

人さまのために心を使い、行動する。それこそが、自分自身もたすけていただける、ただ一つの道なのです。

天に届くつとめ方を

運命落下の法則!?

教祖《おやさま》は、人間がたすかる方法を、口に筆に、そして、ひながたを通じて私たちに教えてくださいました。

しかし、ざるにいくら水を注いでも溜《た》まらないように、どれだけ教えの実践に努めても、心づかいや行動が親神様の思召《おぼしめし》にかなわなければ、たすかりが遅れ、運命も落ちてしまいます。

ところで、みなさんは、〝運命落下の法則〟をご存じですか？　え、知らない？　知らなくて当然です。私が勝手につくったものなのです……。失礼しました。

「こうなったら運命は確実に落ちるだろう」と、自分自身を戒める目安として考えたものです。四つありますので、みなさんもチェックしてみてください。

最初は、心にほこりが充満しているかどうかです。人間が汚い場所を避けるのと同じで、心がほこりまみれの人に、神様は入り込んで働いてくださいません。おつとめはもとより、「八つのほこり」の説き分けをしっかりと心に治めて、絶えず胸の掃除に努めましょう。

次に、徳が切れてもいけません。不足を言ったり人に嫌な思いをさせたりするのは、徳が切れてきたサインです。徳がない、痩《や》せた心には、肥やしが必要です。人を勇ませる、優しい、温かい言葉を使えば、心は豊かになります。相手も自分もたすかる言動を心がけたいものです。

続いて、恩が重なることです。「おふでさき」に、

たん〳〵とをんかかさなりそのゆへハ
きゆばとみへるみちがあるから
（八　54）

とあります。このお歌は、恩が重なり過ぎると牛や馬に生まれ変わる、という意味ではなく、運命が落ちるよ、と警告してくださっているのだと思います。この世に生まれてから、何の恩も受けずに生きている人は一人もいません。大恩・小恩に感謝して、恩に報いる生き方を忘れないようにしましょう。

最後は、陽気ぐらしに逆行する行いです。人から「おまんじゅう、いかがですか？」と差し出されたとき、「ありがとう」と言って受け取るのと、「そんなものいらない」と突き返すのとでは、全然違いますよね。たとえ欲しくなくても、理由を添えて丁寧《ていねい》に断れば、陽気ぐらしの流れを止めたり、逆らったりせずに済みます。

少し厳しい言い方をしますが、この四つのうち一つでも引っかかるものがあったら、それだけで運命は落ちていくと心得てください。

とはいえ、人間には欲があり、知らず知らずのうちにほこりの心を使ってしまいますので、四つすべてをゼロにするのは、まず無理なことです。

しかし、少しでも減らそうと努力するなかに、運命を上げていただける元があるのです。

そのことについては、次に詳しくお話しします。

天に届くつとめ方を

前回は、私がつくった〝運命落下の法則〟についてお話ししました。

おつとめ、おさづけ、にをいがけ、おたすけ、ひのきしんなど、自分では教えの実践に一生懸命努めているつもりでも、四つの法則のうち、どれか一つでも当てはまるものがあったら、たすかる時期は遅れ、運命も落ちていきます。

とはいえ、人間は欲もあればほこりも積むので、すべてを完璧になくすことは無理です。そこで、つとめた分の〝プラス〟が減らないよう、〝マイナス〟を減らす努力をするのです。これは、親神様が私たちに望まれていることでもあります。

運命が上がるのも下がるのも、すべては親神様の胸一つです。親神様に「運命を上げてやろう」と思っていただくには、親神様の御心にかなう通り方、つまり「天に届く」つとめ方をすることが大切です。

運動会の玉入れ競技を想像してみてください。かごにポンポンと入っていく玉もあれば、あと少しのところで届かず、地面に落ちてしまう玉もあります。

「こんなに頑張っているのに、なぜ私は幸せになれないのだろう」と思っている人は、玉がかごに届いていないのと同じで、もう一歩、つとめ方が足りないのです。きっと親神様は「惜しいなあ。もう少し頑張って、ここまで投げてごらん」と思われていることでしょう。

天に届くとは、親神様が「ようやったな」と認めてくださるという意味です。認められて初めて「よし、運命を上げてやろう」とお勇みくださるのです。

では、どうしたら親神様が認めてくださるのか。人それぞれ心づかいや通り方が違うので、一概《いちがい》にこうとは言えませんが、一つ、大切なポイントがあります。それは、どんなことも「はい、喜んで」と受けて通ることができるかどうかです。

人から用事を頼まれたとき、「はい」と返事をして、すぐに取りかかる人は多いでしょう。でも、内心は「めんどくさいな」「なんで私が」と不足している人もいるでしょう。親神様は、心から「喜んで」という気持ちがあるかないか、その点を、見極めるうえでのポイントにしておられると思うのです。

明治十七年、奈良監獄署へ御苦労くだされた教祖は、一緒に拘禁《こうきん》された鴻田忠三郎《こうだちゅうざぶろう》さんが、獄吏《ごくり》から命ぜられた便所掃除を終えて教祖の御前に戻り、「何をさせて頂いても、神様の御用向きを勤めさせて頂くと思えば、実に結構でございます」と申し上げたとき、次のように諭されています。

「そうそう、どんな辛《つら》い事や嫌な事でも、結構と思うてすれば、天に届く理、神様受け取り下さる理は、結構に変えて下さる。なれども、えらい仕事、しんどい仕事を何《な》んぼしても、ああ辛いなあ、ああ嫌やなあ、と、不足々々でしては、天に届く理は不足になるのやで」

（『稿本天理教教祖伝逸話篇』一四四「天に届く理」）

どんなことも喜んで受け入れて通る――。それは、神様を信じきり、もたれて通っているからこそ、湧き起こってくる感情なのだと私は思います。

〝しこり〟を残していませんか？

電車に乗っていたときのことです。座っている若者の目の前に、おばあさんがやって来ました。若者はすぐに立ち上がり、おばあさんに席を譲りました。「感心な子やなあ」と思った矢先、若者は「ちぇっ」と舌打ちをしたのです。おばあさんは「ありがとう」と言って座りましたが、その場の空気が重くなったのは、言うまでもありません。

新幹線に乗ったときも、似たようなことがありました。私の隣に座った人が、荷物を棚に載せず足元に置いたので、そばを通る人が、その荷物につまずいて転んでしまったのです。お互いに少し睨《にら》み合っただけで、大事には至りませんでしたが、周囲はハラハラしますし、その後も嫌な空気が漂っていました。

前者の若者は、善意から席を譲ったのに、最後に心ない態度を取ったせいで〝しこり〟を残しました。後者の二人も、どちらか一方から「ごめんなさい」のひと言が出ていたら、「いいえ、こちらこそ」となり、当事者も周囲も、穏やかな気持ちでその場を過ごすことができたはずです。

自分たちだけでなく、周囲の人たちをも不快にさせ、しこりを残してしまう。これは、親神様、教祖が「残念」と思われる人間の姿です。そして、そう思われた時点で、幸せはスーッと遠のいていき、運命も落ちていきます。だから、自分は正しい通り方ができているか、親神様、教祖が「そうだよ、それでいいんだよ」と、うなずいてくださっているかどうか、常に考えながら行動したいものです。

お道の教えは、心がたすかる教えです。心がたすかるとは、自分のことではなく、人さまのたすかりを願えるということです。「どうしたら、どう言ったら、この人は喜んでくださるかな」ということだけを考えて行動していれば、それがじわじわと体と心に染み込んで、自然ときれいな言葉や行動が出てくるようになります。そうすると、運命も一気に変わっていくのです。

また、「病の元は心から」と教えていただきます。たとえば、がんは、小さな腫瘍《しゅよう》が大きくなって、しこりができたりする病気です。そのしこりは、これまで人生を通ってきたなかで残してきた心のしこりが、形となって現れてきたものとも考えられます。

しこりをつくらないに越したことはありません。けれども、もしできてしまったら、なんとかそれを消す努力をして、親神様、教祖に「そうそう」とうなずいていただけるように、真実の心で通らせていただきましょう。

おぢばは人生のコツを習うところ

修養科や教人《きょうと》資格講習会の受講などで、おぢばに長期間滞在していて、子供や孫、あるいは友人・知人から「天理で何をしているの？」と聞かれたことはありませんか。そのときにどう答えるか、日ごろから考えておくのも大切なことだと思います。

「いつも楽しく生き生きと過ごし、人生をより素晴らしいものにしたいんだ。だから神様の教えを通して、その方法を学び、心に治めて、体を使って実践しているんだよ」

これも一つの答え方でしょう。

特に、信仰を伝えたい子供や孫には「〝人生のコツ〟を習っている」と話してみてはいかがでしょうか。

人生のコツの一つは、「自分にとって楽なことを選ぶのではなく、つらいこと、苦しいこと、嫌なことを選び、進んでさせていただく」ということです。

たとえば、思わぬ方向からボールが飛んできたとします。自分の身の安全のためにボールを避《よ》けると、周りの人に当たってしまうかもしれません。うまくキャッチできたら、自分はもちろん、周りの人も当たったり、ケガをしたりしなくて済みますよね。

人から何か用事を頼まれたときも同じです。すぐに「はい」と返事をして引き受ける人もいれば、「嫌だなあ」と思いながら渋々引き受ける人、あるいは、むげに断る人もいます。

嫌なことを避けて楽を選ぶと、必ず困る人が出てきます。自分が避けたことで人を苦しめてしまう。これは、お道の教えに反する行いです。二つ返事で快く引き受けると、相手は喜んでくださるし、周囲の人にも楽をしてもらえる。これが、自分自身が幸せになる人生のコツなのです。

また、人間はややもすると、憎しみ、恨み、欲など心のほこりをどんどん溜《た》め込んでしまいます。教祖は、それが不幸せの元になると教えてくださいました。「八つのほこり」の教えをよすがに、それらを払って幸せを貯《た》める方法も、おぢばで学ぶことができます。これも人生のコツです。

　教理を学ぶときやひのきしんをするとき、子供や孫の顔を思い浮かべてみてください。「あの子たちに、どうやって信仰を伝えていこう」と考えながら取り組むうちに、教えがすっと胸に治まるようになり、心に力がついてきます。人生のコツをいち早くつかんで、周囲の人たちに「お道を信仰していると、こんなにも幸せに過ごすことができるんだよ」と教えてあげてほしいと思います。

目で優しく諭せる人になろう

本部神殿の朝夕のおつとめには、幼い子供や赤ちゃんも参拝しています。スヤスヤ寝ているところを起こされて来ている子もいるでしょう。特に、朝づとめのときは、不機嫌そうにむずかったり、ギャーッと盛大に泣いたり、いろいろな子がいます。

ある教会で、以前こんなことがあったそうです。

信仰熱心な奥さんが未信仰のご主人と赤ちゃんを連れて、月次祭に参拝しました。ご主人が教会を訪れるのは、この日が初めてです。「一緒に参拝に行きましょう」と声をかけ続けた奥さんの喜びは一入《ひとしお》でした。

祭文奏上中のことです。赤ちゃんがぐずぐずと泣きだしました。参拝者はみな拝をして、真剣に祭文に耳を傾けていましたが、やはり厳かな雰囲気は乱れてしまいました。

すると、古参のおばあさんが、赤ちゃんとその夫婦のほうを振り返り、鋭い目つきでぐっと睨《にら》みつけたのです。慌《あわ》てたご主人が赤ちゃんを抱いてすぐに廊下へ出たので、その場はひとまず収まりました。

しかし帰宅後、ご主人は奥さんに「天理教って冷たいんだな。赤ん坊が泣いただけで、あんなふうに睨まれてしまうのか」と言ったそうです。その一件以来、ご主人は教会に来なくなってしまいました。

私たちようぼくは「教祖の道具衆」として、人さまのおたすけをさせていただくとともに、お道を知らない人や子供たちを導き育てる立場でもあります。そういった人と接するときは、より注意深く、温かい配慮が必要です。このおばあさんは長年信仰しているのですから、夫婦にとっては〝お道の先輩〟です。先輩ようぼくとして穏やかに諭すのならともかく、この振る舞いは失敗でした。

目は心を映し出す鏡です。腹を立てているとき、いくら平静を装い笑顔をつくっても、目には、その人の正直な気持ちが表れてしまいます。

親神様は私たちに〝真実の心〟でおたすけすることを求められています。真実の心を発揮するには〝技術〟が必要です。それは、人を勇ませる言葉づかい、人の心を傷つけない目配りなどです。「あの人は、口うるさいことは言わないけれど、目で優しく諭してくださるなあ」と言われるようになりたいものです。

また、幼い子供を持つお母さん、どうか子供を連れて、おぢばや教会に参拝してください。そして一緒に親神様、教祖にごあいさつをし、日々のお礼を申し上げてください。お母さんが蒔《ま》いた信仰の種は、いつかきっと子供たちの心に大輪の花を咲かせ、その身を守ってくれます。

ドナー体験で学んだおたすけの心

修養科に勤務中、一週間ほど休みを頂いて「憩《いこい》の家」に入院しました。勤務に復帰した日、職員室に来た修養科生たちが、こっちを見てヒソヒソ話をしています。「あの人、どこかで見たことあるなあ」「毎日、朝礼台で『おふでさき』を読む人やんか」「ああ、ほんまや。ずいぶん休んでるさかい、忘れてたわ」……。たった一週間会わないだけで忘れられてしまうなんて、うかうか入院もできませんね。

それはさておき、私が入院したのは自分の病気治療のためではありません。実は、血液の身上を頂いた娘に、「ドナー」として骨髄液《こつずいえき》を提供するためでした。

骨髄移植は、白血球の型が一致する人からでないと受けることができません。しかも、その確率は、兄弟姉妹で二五パーセント、親子だと数パーセント以下、非血縁者では数百人から数万人に一人と、相当低いものだそうです。それが検査の結果、娘と私の型が一致すると分かったのです。この喜びは本当に大きなものでした。

また、当時の私は、病気やケガをしていない、常用している薬もない、血圧も血糖値も問題なし……と、文字通り健康体そのものでした。たとえ白血球の型が一致しても、ドナーの健康状態が悪ければ、移植は断念せざるを得ません。ありがたいことに、私はさまざまな条件をすべてクリアしており、ドナーとして適格と判断されたのです。

それにしても、親神様はなぜ、白血球の型を合わせ、体も健康な状態にして、私をドナーにしてくださったのでしょう。

おたすけに際して、親神様は、私たち人間が出す「真実」をお受け取りになり、ご守護くださいます。真実とは、人さまに喜ばれることは何かと考えて、とことん行動することです。

　血液は、全身の細胞に栄養や酸素を送ったり、老廃物を運搬したりして、体中を絶えず駆け巡っています。この働きは、いわば体にとっての「真実」だと思います。親神様は血液の元である骨髄の移植を通して、「体をもって真実を出すおたすけをさせてやろう。このことを通じて〝真実を出す〟ということを、いま一度よく考えてみなさい」と思召《おぼしめ》されたのではないかと、私は悟りました。

　親神様は、私たちようぼくをさまざまな御用にお使いくださいます。いつ、どこで、どんな人に出会わせていただくか分かりません。ですから、常におたすけの心を忘れずに、日々を通らせていただくことが肝心です。

　お道の教えは真実の教えです。教祖は「みな真実を持つんだよ。言葉、行動に出し、態度にも表すんだよ」と望まれています。どんなときも真実を出し、おたすけに徹する。この精神を学び、身につけ、親神様、教祖にお喜びいただけるようぼくを目指しましょう。

青年の心を救った婦人の声かけ

修養科では週に数回、午後にひのきしんの時間が設けられています。クラス単位で行う「定時ひのきしん」と、同じ人が同じ場所で続けて行う「長期ひのきしん」とがあります。

ある修養科生が、お墓地の長期ひのきしんに当たりました。彼は当初、「同じひのきしんなら、ほかのクラスや、ほかの期の人たちとふれ合える交通誘導が良かった。それに引き換え、お墓地は誰もいない。出直した人とのふれ合いなんて、冗談じゃない」と周囲に漏らしていたそうです。

広いお墓地のひのきしんに割り当てられたのは、彼を含めて四人だけです。教室のあるおやさとやかたから一キロほど歩かなければならないうえ、夏場だったので、蚊《か》は多いわ、蜂《はち》にも追いかけられるわで、「えらい場所に当たった」と、不足たらたらでした。

そんなあるとき、一人のおばあさんがお墓地へ参拝にやって来ました。彼がいつものように、やる気もなく箒《ほうき》を動かしていると、そのおばあさんから「あんた、ご苦労さんやねえ」と声をかけられました。そして「このお墓地は、誰でもひのきしんできるわけじゃないんやで。教祖が、あんたをここに連れてきてくださったんや。だから、勇んで勤めてくださいよ。頑張ってね」と励ましてくれたのだそうです。

このひと言で、彼の心はコロッと変わりました。「そうか、僕は教祖に選ばれたのか。『ここのひのきしんを頼むよ』と任されたのか」と、スッと得心がいき、以後、勇んで勤めることができたと話してくれました。

もし彼がひのきしんをしている時間帯に、そのおばあさんが参拝に来ず、声をかけられなかったら、彼の心は最後まで勇むことはなかったでしょう。

さらに、修養科を修了して故郷に戻ってから、「大変な所でひのきしんをさせられた」「修養科なんて行くもんじゃないよ」と周囲に吹聴《ふいちょう》したかもしれません。そう考えると、おばあさんのひと言の声かけは、彼の心をたすけただけでなく、彼の故郷の、彼につながる多くの人たちのおたすけにもつながっている、と言えるのではないでしょうか。

私たちは会話をするとき、あまり深く考えずに言葉を出しますね。けれども、その何げないひと言が、相手を勇ませることもあれば、不足させてしまうこともあるということを、よく心に治めておきたいものです。

「声は肥《こえ》」と教えていただきます。ひと言の声かけが、人さまの心の勇みとなれば、勇み心に親神様が働いてくださり、その方の運命は大きく変わるのです。人さまに心を配り、温かい声かけに努めるとともに、こちらも「ありがとう」「ご苦労さま」と声をかけていただけるよう、何ごとも心を尽くして勤めさせていただきましょう。

たすけ心を育もう

お道では、身上や事情はすべて親神様からの〝メッセージ〟と教えられています。そこには「あなたをこれから道の用事に使うよ」、あるいは「あなたにはこういう癖性分《くせしょうぶん》があるから、反省して心づかいを改めなさいよ」といった深い思召《おぼしめし》が込められています。

ご守護を願って、別席を運んだり修養科を志願したりする方は大勢おられます。そのとき、「こんな大変なこと、もうかなわん。早くなんとかしてもらおう」といった〝困ったときの神頼み〟のような心持ちだけでは、親神様の親心に気づくことはできません。

どんなに嫌なことでも、まずはわが身に起きてきたことを受けとめて、しっかりと向き合い、思召を思案させていただく。そうすれば、つらく苦しいことのなかにも、明るい兆《きざ》しを見つけることができます。そうやって、だんだんと親神様がお喜びくださる人間へと成人させていただくのです。

人さまのおたすけをさせていただくときも同じです。たとえば、難しい性格で他人とすぐにぶつかる人がいるとします。普通なら「あまり深く関わらないでおこう」と敬遠してしまいます。そこを「この方の振る舞いにも、何か親神様のメッセージがあるはずだ」と考え、まずは受けとめる。そのうちに、相手のことが分かってくると、こちらも穏やかな気持ちで接することができるようになります。

でも、それで終わってしまっては、その人の成人はありません。人に苦言を呈するのは嫌なものです。しかし、その人の身勝手な振る舞いが自身の徳を落とすばかりか、周囲の人たちにほこりを積ませてしまうことを考えれば、自分の癖性分に少しでも気づいて改めてもらえるよう、

「たすけ心」をもって働きかけ、丹精していかねばならないと思うのです。

誰でも最初から上手《じょうず》におたすけができるわけではありません。私も若いころは、たくさん失敗をしました。「ちょっと言い過ぎたな」とか、逆に「もう少し言えばよかった」と後悔することは、いまでもあります。それでも、そうした経験を一つひとつ積み重ねることによって、〝本当のおたすけ〟をさせていただけるようになるのです。そうした経験を通して、おたすけ人としての徳を、親神様がつけてくださるからだと思います。

また、相手の心に届くお諭しができるように、教理を学び、教えを自ら身に行うことも大切です。どんな言葉を、どのタイミングでかけたらいいのか見極める力もつけたいものです。

まずは、「たすけ心」を持つことから始めましょう。「私もこの方と一緒に、この難局を乗り越えるんだ」という思いで一生懸命通らせていただくところに、親神様は必ず不思議なお働きをお見せくださいます。

教祖なら、どうなさるだろうか

以前テレビで見た、母と子のエピソードを紹介します。

ある年の七夕《たなばた》の日、障害のある子供たちが海でキャンプをしていました。そのキャンプに、十七歳の女の子Aさんが母親と一緒に参加しました。

Aさんは生まれつき両手足が不自由で、車いす生活を余儀なくされています。母親の介護なしでは何もできず、おむつもいまだに外せません。

スタッフの一人が、Aさんに「きょうは七夕だから、何か願い事があれば言ってごらん。短冊に書いてあげるよ」と声をかけました。Aさんは「別に何もありません」と一度は断りますが、ほかの子供たちが願い事を書いたり、笹《ささ》に飾り付けしたりしているのを見て、「どんなことでもいいのなら……」と、思いきってスタッフに伝えます。

「『神様、どうぞお母さんより一日早く死なせてください』と書いてください」

その短冊を見た母親は、自分にも書かせてほしいと申し出て、「もし神様がいらっしゃるのなら、ぜいたくかもしれませんが、娘より一日長生きさせてください」としたため、Aさんの短冊の隣にそっと結んだのでした。

Aさんは、母親がいなくなったら誰が自分の世話をしてくれるのか、いつも不安に感じていたのだと思います。その一方で、四六時中付きっきりで介護してくれる母親に、せめて一日だけでも、何もしない時間を過ごしてほしいと、ひそかに思っていたのではないでしょうか。

母親も、自分が先に死んだら、ほかの人の世話にならざるを得ない娘を不憫《ふびん》に思い、一日だけでも長く生かしてほしいと書いたのでしょう。互いを思い合う母と子の姿に、胸が締めつけられる思いがしました。

私は、このエピソードを、単に〝母と子の切なくも心を打つ話〟で終わらせていいのだろうかと考え込んでしまいました。

月日のやしろにお定まりになる前のことですが、教祖は、物乞いに来た女性に温かい粥《かゆ》と衣類をお与えになり、子供にはご自分の乳房を含ませられました。また、預かり子が黒疱瘡《くろぼうそう》にかかったときも、神社仏閣を回って治癒《ちゆ》を願い、懸命なおたすけをされました。月日のやしろに定まられてからは、寄り来る人々を、わが子として慈《いつく》しまれました。

私たちようぼくは、教祖の道具衆です。頼れる身内がいない人や、将来を悲観して思い悩んでいる人に、「あの人なら、なんとかしてくれるかもしれない」と思ってもらえる存在にならねばと思うのです。

実の親や身内の代わりは簡単につとまるものではありません。けれども、〝教祖なら、どうなさるだろうか〟との思いを胸に日々を通る。そのなかに、ようぼくとしての道が見えてくるものと信じます。

〃真実の願い〃は埋もれない

人間には誰しも欲があります。欲のない人間はいないと神様は仰《おっしゃ》っていますし、生きるうえで必要な欲もありますから、ある程度は許されていると考えてもよさそうです。

ところが、私も含めて、人間というものは欲深くて厚かましい。それが一番分かりやすく現れるのは、おつとめの拝礼の時間です。このとき、親神様に、あれもこれもとたくさんお願いする人がいます。大祭や月次祭には、何万人もの信者さんが帰参しますから、親神様はもう大変です。大勢の人がいっぺんに、ああしてください、こうしてください、なかには「もっと美人にしてください」「脚を長くしてください」なんてお願いをする人もいたりして……。私が神様だったら、きっと嫌になると思います。

けれども、そのなかから「私のことはどうでもいいのです。困っている

あの人のことを、どうかたすけてください」という声が、スーッと聞こえ

てきたらどうでしょうか。

「ほしいほしい」と求めてばかりいる人と、「あの人をたすけてください」

と祈りを捧《ささ》げている人とでは、おのずと雰囲気が違いますよね。だから、

後者のような〝真実の願い〟は、どんなに大勢の人がいても埋もれずに、

親神様のもとに確実に届くと思うのです。

同じように、親神様は私たちの行動もご覧になっています。自分のたす

かりのために神殿へ足を運んで、おつとめを勤めているのか。はたまた、

人さまのことを思い、回廊拭《ふ》きやトイレ掃除などのひのきしんに励んでい

るのか、すぐにお分かりになることでしょう。

冒頭でも述べましたが、多少のお願いならいいと思うのです。私も、膝《ひざ》

が痛いな、ちょっと風邪っぽいなと思ったら、痛みを取ってください、熱を下げてください、などとお願いすることはあります。

それでも、自分のことは後回しで、まず人さまのために心を使い、行動させていただくお互いでありたいものです。そういう通り方をしていると、自然と心が勇んできます。

「おふでさき」に、

をやのめにかのふたものハにち〳〵に
だん〳〵心いさむばかりや
（十五 66）

とあります。

「きょうはどんなことをさせていただこうかな」と思って、日々通らせていただく。それが結局、自分自身がたすかっていく姿につながり、「人たすけたらわがみたすかる」の教えを、心から分からせていただける通り方となるのです。

「これくらい大丈夫だろう」が危ない

スーパーへ買い物に行って試食コーナーを見つけると、私はついパクッと一つつまんでしまいます。みなさんも経験ありませんか。「お、こりゃうまい」と思ったら、迷わずかごに入れてレジへと向かいます。

そのとき、同じように買い物をする人を見ていると、行動に二種類あることに気づきます。一つは、商品をかごに入れた後、「どうせ買うんだから」と、さらに二つ三つ口に入れる人。もう一つは、「味は分かったから、家でゆっくり食べよう」と、ひと口でやめる人です。

最初のタイプの人は、商品を買うんだから、「ちょっとぐらい多めに食べても許されるだろう」という気持ちが働くのでしょう。

これと似たような行いを、私たちも知らず知らずのうちにしていないでしょうか。

たとえば、人に何かを教えているとき、最初は謙虚な気持ちだったのに、いつの間にか「この人のためを思って、私は教えてあげているんだ」という気持ちになっていませんか。これは、「八つのほこり」の「こうまん」の心づかいに当たります。

こうまんな人は、上から目線でものを言ったり、高圧的な態度を取ったりします。そういう人からは、嫌なにおいがプーンと漂っていますから、いくら正しいことを説いても、相手の心に染み込んでいきません。

こうまんの反対は「低い心」です。人さまのおたすけをさせていただくときこそ、低い心になることが肝心です。

教祖は、先人たちに「やさしい心になりなされや」と仰《おっしゃ》いました。この

「やさしい心」には、温かさ、低さ、広さ、深さなど、おたすけに大切な要素がすべて含まれていて、そういう人になりなされや、と仰っておられるのだと私は思います。

おたすけをされる側は、こちらの〝本気度〟を見極めて、「この人にならら委ねてみよう」「この人の言うことは聞きたくない」などと判断します。

人間は、良いことをしているときほど「これくらい大丈夫だろう、許されるだろう」などと考えが甘くなるものです。そこからさらに、どう低く接するか、どうやったら喜んでもらえるか、と考えることが大切なのです。

時には、相手にとって耳の痛い言葉を出さねばならないこともあるでしょう。その言葉が相手の心に届くようなおたすけ人になるためには、日々の心づくりが大切で、これは一生の勉強です。いつかそうなれる日を目指して、まずはこうまんの心を捨てることから始めましょう。

妻を変えた最期の涙

ある教会長さんから、こんな話を聞きました。

あるとき、長患いをしていた熱心な信者さんが、いよいよ危篤《きとく》状態になったと知らせが入った。急ぎ病院へ駆けつけて必死でおさづけを取り次ぐも、モニターに表示される心拍数は徐々に下がっていって、取り次ぎ終わる前にゼロになってしまった。そして、そのまま出直された。

「大変なことになった……」

頭のなかが真っ白になり、途方に暮れた。出直しのショックもさることながら、奥さんは他宗教を信仰していて、講社祭のおつとめに手を合わせたこともない。

「よりによって、おさづけの取り次ぎ中に出直されたんだ。きっと、このお宅は天理教をやめてしまうだろうな」

と肩を落とした。

しかし、その後、奥さんは次のような話をした。

出直す前日、いよいよ危ないと聞いて、夫の兄弟や親戚がそろって面会に駆けつけた。けれども、小康状態になったので、ひとまず全員が引き揚げた。そして、自分一人になったときに会長さんが来て、おさづけの取り次ぎの最中に夫は息を引き取った。そのとき、夫の顔を見てハッとしたのだという。

「会長さんにおさづけを取り次いでいただいているとき、主人はうっすらと笑みを浮かべて、涙をスーッと流したのです。『ああ、この人はきっと、兄弟や親戚を待っていたのではなく、会長さんが来てくださるのを待っていたんだな』と思ったのです」

そして「来月も講社祭、よろしくお願いします」と言って、頭を下げた。

最期の涙を見て、ご主人がどれほどの思いでお道を通ってきたのか、奥さんはようやく悟ったのでしょう。そして「私が信仰を引き継ごう」と、一気に心が切り替わった。いまでは講社祭に子供たちも集まって、にぎやかに勤められているとのことです。

おさづけを取り次ぐ目的は、身上者の痛みや苦しみを取り除いていただき、その方にたすかっていただくためですよね。だから、取り次いで間もなく出直されたら、普通は「なぜ？　どうして？」とショックを受けて、落ち込むと思います。けれども、それは人間心で、親神様の思惑は、全く別のところにあるのです。

このご主人は、おそらく奥さんにも信仰してほしいとずっと思っていたはずです。親神様はその願いをお受け取りになり、さまざまな事柄やタイミングをピタリと合わせて、奥さんの心を変えられました。すべては、親神様のお計らいなのです。

どんなときも親神様、教祖におもたれし、「きっと良くしていただける」と信じて、おさづけを取り次がせていただくことが大切です。そして、素晴らしいご守護が頂けるように、しっかりと理づくりや伏せ込みに励ませていただきましょう。

陽気ぐらしにも準備が必要

二〇一五年に開催されたラグビーワールドカップ・イングランド大会で、日本代表は四戦三勝という好成績を残しました。

勝因はいろいろありますが、特にメディアが注目したのは、精度の高いキックを誇る五郎丸歩《ごろうまるあゆむ》選手です。トライ後のキックは高得点につながるので、勝利への貢献度も高い。キック前の独特のポーズも話題になりました。

しかし忘れてはならないのが、われらがホープ、天理出身のようぼくラガー、立川理道《たてかわはるみち》選手です。

一次リーグ、強豪・南アフリカ代表との一戦。後半ロスタイムに三点を追っていた日本は、立川選手の飛ばしパス（横の選手を飛ばして、その次の選手へ投げるロングパスのこと）で大きく展開し、見事に逆転勝利を収めました。ワールドカップで二度の優勝経験があり、当時、世界ランキング三位の南アフリカを下したこの試合は、「スポーツ史上最大の番狂わせ」と報じられ、世界中を驚かせました。

私は、逆転トライが決まったのは、立川選手の絶妙なパスがあってこそだと思いました。スピードのある鋭いボールが、味方の胸にスポーンと収まった。そして、敵の猛追を受けることなくボールは次の選手へと渡り、トライが決まったのです。

この素晴らしい試合運びは、日ごろの正しい練習と準備の積み重ねの賜《たま》物《もの》です。コーチが試合中に「おまえたち、パスもキックも正確に決めろ」といくら命令しても、その場でおいそれとできることではありません。厳しいトレーニングや、どのチームにも劣らない練習量など、準備に準備を重ねたうえでの歴史的勝利だったのです。

「おさしづ」に、

陽気というは、皆《み》んな勇ましてこそ、真の陽気という。

（明治三十年十二月十一日）

とあります。

私が日々の指針としているお言葉です。

このお言葉は、「さあさあ、勇みなさい」「勇まないと、陽気ぐらしできないよ」などと仰せになっているのではないと思います。

勇め勇めと活を入れて相手が勇むのなら、こんなに簡単なことはありません。人さまに勇んでいただきたいのなら、まずは勇める状況をつくらねばなりません。「どうしても勇めない」と言う人がいたら、まずは喜ばせ、楽しませて、心が明るく切り替わるように働きかける。そして、「陽気ぐらしに向かって、一緒に頑張りましょうね」と温かく寄り添い、丹精を続けさせていただく。ラグビーで、正確なパス回しやキックができるまで練習し準備するのと同じように、陽気ぐらしにも、勇み勇ませるための準備が必要です。

勇み心は喜び心から生まれます。おたすけの場面でも、このことを忘れず、「親神様が必ずいい方向へ導いてくださる」と信じて、共々に通らせていただきましょう。

お話を取り次ぐ力をつけよう

ある教会長さんが、修養科時代の恩師に聞いた話を教えてくれました。

その方は若いころ、古い安アパートの一室を借りて、単独布教をしていました。毎日にをいがけに歩きましたが、話を聞いてくれる人はほとんどいませんでした。

でも、気落ちしているわけにはいきません。そこで、「この部屋から、明るく陽気な雰囲気にしていこう」と思い立ち、畳の上に端座して、誰もいない部屋で神様のお話を始めたのです。誰が聞いてくれるわけでもありませんが、来る日も来る日も続けました。もしかしたら、屋根裏のネズミくらいは耳を傾けてくれていたかもしれません。

そんなある日、隣に住むご婦人が、部屋を訪ねてきました。

「お宅からは毎日、神様のお話が聞こえてくるので、さぞかし大勢の人が聴きに来られているんやろうなあと思っていましたが、人の気配が全然ありませんなあ。みなさん、えらい静かに話を聴きはるんやなあ」

「いいえ、実は誰も来てないんです。信者はまだ一人もいません。でも、練習を兼ねて毎日お話をさせてもらっているんです」

「それは気の毒なことや。せめてご飯でも作って、持ってきてあげましょう」

そうしてお世話になるうちに、ご婦人はお道の話も聞いてくださるようになり、最初のようぼくになってくださったのです。その後、一人、また一人とにをいが掛かり、にぎやかになっていったということです。

この話から分かるのは、にをいがけは、話を聞いてくれる人がいないと何もできないわけではないということです。私たちはいつ、どこで、どんな人と出会わせていただくか分かりません。「お話の取り次ぎの勉強は、聴いてくれる人が現れてから始めればいい」と思っていては遅いのです。どんなお話でも取り次げるよう、日ごろから力をつけておくことが大切です。

道端で可憐《かれん》に咲く花を見たとき、あるいは、暑い日に心地よい風が吹き抜けたときなど、私たちはどんなときも親神様のご守護を感じることができます。それを「どうやって人さまに伝えたらいいかな?」と考えて、お話の練習をするのも一つです。実際に声に出せば自分の耳にも入り、心に治まっていきます。

また、「恥をかいたら丸くなる」と聞かせていただきます。

にをいがけでは、恥をかいたり、つらい思いをしたりすることも少なくありません。しかしそれが、素晴らしいおたすけ人へと成人する糧《かて》となるのです。

こうした弛《たゆ》まぬ真実の積み重ねの先に、いつか人さまに教えを聞いていただける日がやって来るのです。

にをいがけに大切なもの

数年前、ある知人が「布教の家」に入寮しました。

全国に十六カ所ある布教の家では、寮生たちが寝食を共にしながら、一年間、戸別訪問や路傍《ろぼう》講演など布教活動に専念します。

未信仰の人たちににをいがけをし、信仰していただくことは、並大抵なことではありません。しかし彼は、別席者を毎月のようにおぢばに連れ帰り、さらには修養科生もご守護いただいたのです。私は思わず「あなたのにをいがけには、何かコツがあるのですか？」と尋ねました。

すると、彼は「一番気をつけていることは、信仰を無理やり押しつけて、『何が何でも別席にお連れするんだ！』と思わないことです」と教えてくれました。続けて「まずは、悩みや不安にひたすら耳を傾けます。身上や事情を抱えて苦しんでいる人は、心にとげが刺さっているような状態だと思うのです。心の痛みが少しでも和らぐよう、一本でも多くとげを取り除いて、笑顔になっていただきたい――。そのことだけを考えて、にをいがけ・おたすけに歩いています」と、にこやかに話してくれました。

たとえば、手にとげが刺さったとき、放っておいたのに、いつの間にか抜けていた、という経験はありませんか。これは皮膚の新陳代謝により、外へ外へと押し上げる力が働いて、自然と表面に出てくるからなのだそうです。

人さまのおたすけも同じです。身上や事情をお見せいただく原因の一つは、神様の思召《おぼしめし》に沿わない心づかいにあります。だからといって、その急所をいきなり指摘するのは、とげをぐいぐい押して、心をさらに痛めつけるようなものです。

人によっては、荒療治で心がパッと切り替わる場合もあるでしょう。しかし、未信仰の人へのにをいがけ・おたすけでは、自然にとげが抜けていくような優しい働きかけが何より大切なのだと、彼の話を聞いて、あらためて思いました。

にをいがけに大切なもう一つのもの、それはたんのうの心です。戸別訪問に回っても、すげなく断られて、話を聞いてもらえないことがほとんどだと思います。また、路傍講演で声を張り上げても、足を止めて聞いてくれる人は少ないでしょう。心ない言葉を浴びせられ、落ち込むこともあるかもしれません。

でも、そんなときこそ、たんのうの心を治めて、喜んで通らせていただきたいものです。笑われ、そしられるたびに、「また一つ、私の心はたすかった」と思えば、勇んで歩くこともできるはずです。そうやって通るなかで、「神様のお話を聞きたい」「おさづけを取り次いでほしい」と言ってくださる人が現れたら、喜びは何倍にも膨《ふく》らみます。

人さまの目や耳に「天理王命《てんりおうのみこと》」の神名が一度でも入れば、それだけで、その方のたすかりにつながる――。私はそう信じています。

悟る力を身につけよう

ある男性が、こんな話をしてくれました。

私の父親は、教会長を務めていました。ところが、五十九歳で突然出直しました。当時の私は、「父は誰よりも一生懸命、神様の御用につとめていたのに、どうして出直さねばならなかったのだろう?」と納得がいかず、お道の教えに不信感を抱きました。そして「もう、天理教の信仰なんてやめてしまおう」とまで思ったのです。

そんなとき、父の母である祖母に、こう諭されました。

「おまえのお父さんは、九歳のとき、お医者さんもさじを投げるほどの大病を患ったんだよ。そのとき私は、親神様にお願いしたんだ。『いま、この子が出直したら、教会を継ぐ者がいなくなり、わが家は断絶してしまいます。たすけていただいた暁《あかつき》には、必ず息子にお道の御用をさせますから、どうぞ五十年、命を与えてください』と。それからちょうど五十年経《た》ったきょう、お父さんは出直した。親神様は、こんな無理な願いを聞き入れて、約束をきちんと果たしてくださったのだから、私は一つも恨んでいないよ。むしろ、ありがたい思いでいっぱいで、お礼を申し上げたんだよ」

その話を初めて聞かされた私は、衝撃を受けました。「もし、父が九歳で出直していたら、私も生まれていなかった」。そう思うと、生かされていることへの感謝の思いが、ふつふつと湧いてきました。そして、父のような素晴らしい教会長を目指そうと決意したのです。

「おふでさき」に、「このよふハりいでせめたるせかいなり」（一　21）とあります。

この世は親神様のお働きによって治められている世界で、成ってくることはすべて、親神様のお計らいによるものです。

この男性は、父親の出直しという大節に信仰心がぐらつきました。けれども、おばあさんから話を聞いて、親神様のお働き、温かい親心を実感し、見事に節を乗り越え、素晴らしい決意をしたのです。

「信仰しているのに、なぜつらい目に遭うのか」と嘆く人には、このおばあさんのように、親神様の理の世界について、教え諭してくれる人が必要です。さらには、なぜそうなったのか、親神様の思召《おぼしめし》はどこにあるのかということを、寄り添いながら一緒に悩み、考えてもらえたら、その人の心は再び親神様のほうを向くはずです。

理の世界を実感するには、悟る力が大切です。おたすけ経験を積み重ねることにより、悟る力はついてきます。また、教友の信仰体験を聴かせていただくことも、その糧《かて》となるでしょう。悟る力をしっかりと身につけて、誠のようぼくを目指していただきたいと思います。

対応一つでおたすけはできる

　ある研究によると、世間で成功している人の多くには共通点があるそうです。それは「人の嫌がること、人の心を傷つけることを言わない」ということ。どうしても言わねばならないときは、傷ついた心を〝手当て〟する言葉を用意しておく。これが、成功するための秘訣《ひけつ》の一つといいます。

　私たちお道の者も、おたすけの際に、相手にとって耳の痛いことや厳しいことを言わねばならないときがあります。

　ここで失敗する人が結構いるのです。言いたいことを言い、嫌な思いをさせただけで終わるとどうなるか。当然、相手の心は傷つきます。あるいは、こちらに不足したり腹を立てたりして、反発してくる人もいるでしょう。いくらおたすけのつもりでも、こうしたことを繰り返すうちに、お互い心に傷を負い、運命はどんどん落ちていってしまいます。

この道は「通り返し」と聞かせていただきます。自分の言葉によって、相手が怒ったり落ち込んだりしたら、なぜ厳しいことを言ったのか、その理由をきちんと伝えてフォローする。そうすれば、相手の心は治まり、しこりも残りません。言葉一つにも細心の注意を払い、慎重に選んで、声をかけたいものです。

反対に、自分が人から嫌なことを言われたときは、それに反応せず、サッとかわすことです。まともに受けたら、こちらも傷を負いますし、相手の運命も落ちていきます。何か返事をするにしても、「はあ、そうですか」くらいに留《とど》めて、さらっと受け流す。それが、たすけ心をもった受けとめ方と言えます。

さらに上手な方法は、わざと一度、やられてあげることです。神妙に話を聞いて、相手が言いたいことをひとしきり言った後、タイミングを見計らって、「かしもの・かりもの」や「八つのほこり」などの教理を説き、「体の使い方、言葉の使い方を間違えてはいけませんよ」と諄々《じゅんじゅん》と諭していくのです。

私たちは日々、いろいろな人と関わり合いながら生きています。どんな人との関係も、接し方一つで良くも悪くもなる。つまり、その対応一つでおたすけができるということです。

教祖の教えは、非常に奥深いものです。知識として頭に入れておくだけでなく、日々の生活や人との関わりのなかで、どのように生かしていくか考えて、実践に努めていただきたいと思います。

おたすけは温かい言葉がけから

　ある家庭の話です。ご主人が、夜遅くに仕事から帰ってきました。朝から晩まで働きづめの毎日で、心身ともにボロボロです。思わず「もう仕事を辞めたい」と、奥さんにこぼしました。すると奥さんは、「何を言ってるんですか。子供と寝たきりのお母さんがいて、わが家はいま大変なんだから、辞めるなんてとんでもない。休まず働いてください」と、ご主人に労《ねぎら》いの言葉一つかけるわけでもなく、取り付く島もありません。

　がっくりきたご主人は、母親の部屋を訪ねました。「母さん、ただいま」と声をかけると、母親は横になったまま、「おかえり」と優しく迎えてくれました。そして「おまえ、仕事がつらいんだろう。かわいそうになあ。代われるものなら代わってやりたいなあ」と。

ご主人は、「この母がいるから、つらい仕事もなんとか続けようと思えるんです」と話していました。

母親の言葉からは、息子への愛情と優しさが伝わる一方で、奥さんの言葉は冷たい。この家に奥さんしかいなかったら、ご主人はとうに仕事を辞めているでしょう。

温かい言葉がけは、人の心を温め、勇ませます。そして、冷たい言葉は人の心を萎《しぼ》ませます。

たとえば、身上や事情で悩み苦しんでいる人に、「心のほこりが原因なんだから、一生懸命掃除しなさい」と諭しても、その人の信仰心によほどの素地がない限り、たすかりにはつながらないでしょう。これが、「私も掃除のお手伝いをさせていただきますよ」だったらどうでしょうか。

「あなたの心の窓ガラス、外側は拭《ふ》いてあげましょう。でも、内側は私には無理だから、あなたが自分で掃除してくださいね」

ああしなさい、こうしなさいと、上から厳しく命令するだけでなく、「私も一緒に」と優しく寄り添うことで、相手はホッと安心し、頑張ろうという気持ちも湧いてくるだろうと思います。

雑巾《ぞうきん》がけをするとき、バケツの水が冷たかったら、手を入れるのをためらいますよね。でも、温かいお湯が足されてぬるま湯くらいになっていたら、スッと手も入れられるし、汚れも落ちやすくなります。相手の心をふわっと軽くして、その気になってもらう。これが真実あるたすけ心です。

こちらがいくらたすかりを願っても、本人が自分の癖性分《くせしょうぶん》を自覚して、心を変える努力をしない限り、本当のたすかりにはつながりません。だから、そのことに早く気がついて、心の向きを変えてもらえるよう、温かい言葉をかけ、優しく手を引いて導いていただきたいと思います。

人生を共に歩むノートを作ろう

みなさんは、日記を付ける習慣がありますか？

何年、何十年と日記を書き続けている人には、夢を叶《かな》えて、充実した人生を送っている人が多いと聞いたことがあります。一日の出来事だけでなく、そのとき感じたことなども記録することで、新たな発見や気づきが得られ、自分を高めていけるからでしょう。

一方、未来に起きてほしい事柄を過去形で綴《つづ》る〝未来日記〟で、夢を実現させた人もいます。二〇一二年ロンドン五輪に出場したプロボクサーの村田諒太《むらたりょうた》さんは、ほぼ毎日「念願の金メダルが取れました！　ありがとうございます」と書き続け、見事に金メダルを獲得しました。毎日の練習の前にも「きょうは〇〇ができた」と課題を書くことで、本当にそれをクリアして、思い通りに体を動かすことができたそうです。

これらの話は、私たちお道の信仰者にも、大いに参考になるところがあると思います。

そこで、私からの提案ですが、毎日の心の動きをノートに書いてみてはどうでしょう。

人は常に大なり小なり、いろいろなことに思いを巡らせています。つまり、私たちの心は日々さまざまな心づかいを〝経験〟していると言えます。「こんなうれしいことがあった」という喜びの経験もあれば、「家族にきつく当たってしまった」といった後悔もあるでしょう。それを毎日書き出していくうちに、自分の癖性分《くせしょうぶん》がはっきりと見えてきます。

見えてきたら、「明日は、この心づかいをしないように気をつけよう」「こういう言い方は人の心を傷つけてしまうから、早く直そう」といった目標も一緒に書いて、癖性分を取る努力をするのです。続けていくうちに、嫌なことや不都合なことが起きても、以前より腹が立たなくなったり、良いように捉えられるようになったりして、心はぐんぐん成長していきます。

さらに、同じノートの裏側からは、ぜひ「おたすけの記録」を記してください。身近に身上や事情で悩んでいる人がいたら、いつから、どんなことに悩んでいるのかをノートに書き込み、それを持って教会へ参拝に行き、お願いさせていただきましょう。

「あの人も、この人も……」と願うなかで、「親神様にお働きいただけるように、自分の癖性分を少しでもなくす努力をさせていただこう」「人さまのたすかりのために、自分が変わろう」という気持ちにもなっていくはずです。

生きることは心を使うことです。このノートはきっと、人生を共に歩む良きパートナーとして、みなさんの心を支え続けてくれるものと思います。

〝心の傷〟が性格をつくる

本部神殿へ参拝に行ったときのことです。石段を上って、靴を脱ごうとしたところで、礼拝場から下りてきた男性と目が合いました。その人が、こちらに向かってスッと手を伸ばしてきたので、「知ってる人だったかな？」と思い、私もとっさに手を出しました。ところが、男性は「あんたじゃない」という感じで私の手を払いのけて、後ろにいた境内掛から靴べらを受け取ると、靴を履いてさっさと行ってしまったのです。

「違うなら違うと、口に出して言ってくれたらいいのに。意地悪な人もいるもんや」と、少し腹立たしい気持ちになりました。でも、そこでこうも思ったのです。「あの人は、心に〝傷〟を負っているんやな」と。

人間には、いろいろな性格があります。優しくて温厚な人もいれば、人当たりのきつい意地悪な人もいる。まさに十人十色《じゅうにんといろ》です。そのなかで、周囲から敬遠され、陰で「あの性格、直せばいいのに」などと言われるような人の振る舞いは、いわば〝心の傷〟の現れなのです。

人間はみな親神様の子供ですから、本来、とてもきれいな心を持っています。それが、生まれ替わり出替わりを繰り返すなかで、楽しいことやうれしいことだけでなく、悲しいことや悔しいことなど、さまざまなことを経験します。そのつらい経験が心の傷となって残るのです。「ひどい性格だな」と思われる人ほど、負っている傷は深いのだと思います。

体の擦《す》り傷や切り傷なら、消毒して絆創膏《ばんそうこう》を貼っておけば、いずれ治ります。しかし、心の傷は自覚していても自分で治すのは難しい。そのまま放っておけば、どんどん深くなるばかり。治療には、周囲の人たちの手助けが必要です。

だから、今後は「あの人、性格悪そうやな。私の嫌いなタイプや」などと感じても、「きっとどこかで大きなケガをしたに違いない」と思い直して、「なんとかして心に絆創膏を貼ってあげたいな。どんなふうに声をかけたらいいのだろう」と、たすけ心をもって接してほしいのです。

私をはじめ、みなさんにも、それぞれ性格があります。もしかしたら、気づかぬうちに人に迷惑をかけたり、嫌な思いをさせたりしているかもしれません。そう思えば、たすけ心はおのずと湧いてくるはずです。

心の傷を治すのは、温かい、優しい、そして心を勇ませる言葉です。たとえ相手からひどいことを言われたりされたりしても、大きな心で受けとめ、傷口をふさぐ方法を、その人の身になって考え、手当てをしていただきたいと思います。

教祖は私たちの「お母さま」

　ある教会を訪ねたときのこと。そこの奥さんが、こんな話をしてくれました。

「八十過ぎの姑《しゅうとめ》が床に伏せって、だいぶ経《た》ちます。近ごろは目に見えて弱ってきました。先日、夜中に部屋の前を通ったとき、ぼそぼそと何か言っているような声がするので、戸を開けて様子をうかがうと、『お母ちゃん、お母ちゃん』と、小さな声でつぶやいているのです。目には涙も浮かべていました。昔から気丈《きじょう》で、絶対に弱みを見せない、たくましい母でしたので、その姿を見てとても驚きました」

　この話を聞いて、私は「人間はみな母親から生まれ、最後にはまた、母親に戻るのだなあ」と思ったのです。

聞けば、このお姑さんは、十歳のとき実の母親と死別したそうです。その後、父親は後添いを迎え、いろいろとつらいこともあったのでしょう、歯を食いしばり、必死で通ってこられたといいます。教会に嫁いでからは、会長であるご主人を支えながら、にをいがけ・おたすけに奔走《ほんそう》し、よく頑張られたそうです。

どんなに強く生きてきた人でも、人生の終わりが近づいてきたら、子供に戻って母親を思い出す。もしかしたら、精いっぱい駆け抜けてきたからこそ、最後の最後は母親に会いたくなるのかもしれない――。そんなことを思うと、胸が熱くなりました。

つらいときや苦しいとき、母親の温《ぬく》もりを思い出すことは、自然なことなのかもしれません。以前、ある若い女性が「帰省を終えて自宅に戻るときは、母と別れるのが寂しくて、いつも泣いてしまいます」と話していました。母と娘の心が通い合っているからこそ、少しの間の別れでも涙が込み上げてくるのでしょう。

私たちには、それぞれ生みの親がいますが、人間の真実の親であらせられる教祖がいてくださるということも、忘れてはなりません。

私はよく「つらいこと、苦しいことも、親神様の思召《おぼしめし》。何ごとも心の修養ですよ」などとお話しします。しかし、つらくてつらくて、どうしようもないときは、「お母さん、どうかたすけてください」と、教祖におすがりさせていただいても構わないと思うのです。

教祖は、お姿こそ拝することはできませんが、いまもご存命で、昼夜を分かたずお働きくださっています。おぢばに帰り、教祖殿で教祖にお目にかからせていただけることは、私たち道の信仰者にとって無上の喜びです。きっと教祖も、「ご苦労さん。よう帰ってきたなあ」と、温かく迎えてくださることでしょう。

来生も喜びいっぱいのスタートを

二十代前半の若い女性が、末期がんで入院していました。

あるとき、女性の母親が「何かやりたいことがあれば言ってごらん」と尋ねました。先が長くない娘を案じ、悔いが残らないようにしてあげたいとの親心からでした。母親の問いかけに、女性は「一日でいいから、家に帰りたい」と答えました。担当医の許可も下りて、女性は自宅へ帰れることになりました。

久しぶりに帰ったわが家では、家族がいつもと変わらない日常生活を送っていました。母親は朝早くから朝食とお弁当を作り、父親と弟たちは慌《あわ》ただしく出かけていく。昼間は、母親が掃除に洗濯にと家中をせわしなく動き回り、夜になると家族全員がそろって、家のなかはまた、にぎやかになる——。

外泊期間を終えて再び病院に戻った女性は、周囲の人にこんなことを話したそうです。

「私はがんで良かった。もし、すぐに死んでしまう病気だったら、自分の思うように余命を過ごすことも、家族との時間を持つこともできなかっただろうから。以前は、家族がいることは当たり前だと思っていたけれど、がんになって、当たり前のことなんて一つもないことに気がついた。そして何より、私の家族は、とても温かい、ありがたい家族だったんだと、あらためて感じた」

どんな人も、いずれ出直します。長生きして、病まずに出直すことができれば本望ですが、この女性のように、思わぬ病気や事故に見舞われて命を落とす人もたくさんおられます。

しかしながら、私は、どんな出直しにも必ず喜べることがあると思っています。さらに、喜びを探すことができる力、見つけられる力があるかどうかが、その後の運命を大きく左右するのだと思います。

親神様は、可愛《かわい》い子供である人間につらい思いをさせたいと思っておられません。けれども、何か〝メッセージ〟を伝えたくて、泣く泣く身上や事情をお見せくださいます。そのことに思いを致せば、「親神様の思召《おぼしめし》に沿った通り方ができていたか」「前生《ぜんしょう》で積んできたほこりを、いま見せていただいているのではないか」などと来し方を振り返り、さんげすることができます。そこから、生かされていることへの感謝や、どんなことも喜べる心が生まれるのです。

人生の終焉《しゅうえん》は、来生《らいせい》の幕開けにつながっています。憎しみや恨みつらみではなく、喜びの心で幕を下ろすことができたなら、来生もきっと、喜びいっぱいのスタートを切らせていただくことができると信じています。

おわりに

この原稿の内容を考えていたころ、ちょうど、夏の全国高校野球選手権大会が行われていました。天理高校野球部は、前回の夏の大会での優勝以来、実に二十七年ぶりのベスト4進出です。準決勝で敗れはしたものの、最後まで粘り強く闘い抜き、素晴らしい試合を見せてくれました。

同じく甲子園で一躍注目を浴び、プロで活躍している一人に、田中将大《たなかまさひろ》投手がいます。彼は、東北楽天ゴールデンイーグルスに所属していた一年目のとき、野村克《のむらかつ》也《や》監督（当時）をして、「マー君、神の子、不思議な子」と言わしめました。味方打線の援護のおかげで、失点しながらも敗戦投手にならない田中投手を評した野村監督の言葉は、実に言い得て妙だなあと感心したことを覚えています。

人間はみな親神様の子供です。なかでも、ようぼくである私たちは、教祖の道具衆として、人さまのおたすけ、お道を知らない人たちへのにをいがけに努めるのがその役割です。けれども、いまのようぼくは、「不思議な子」ならぬ「普通の子」が多いような気がします。

「十全の守護」を覚えました、「八つのほこり」の説き分けも暗唱できます……。これだけでは、ようぼくとしての輝きはありません。

幼い子供は、甘いものやしょっぱいもののような、味がはっきりしている食べ物が好きですよね。でも、大人になるにつれて、苦いものや渋いものなども口にできるようになり、微妙な味の違いが分かるようになります。

ようぼくは、味の分かる人にならねばなりません。この場合の味が分かるとは、人の心が分かるということです。お道の信仰者らしい、芳《かぐわ》しい匂《にお》いを身に纏《まと》って、一人ひとりがお道の良さを発揮する。実際におたすけに掛かるときは、相手が表に出していない〝心の声〟に気づき、それに相応《ふさわ》しいものを差し上げたいものです。

周囲の人たちに、「あなたは、ほかの人とひと味もふた味も違いますね」と言われて初めて、ようぼくは光り輝きます。そうなれば、その人自身も、本当にたすかる道へと進ませていただくことができるのです。

どんな小さなことでも、あなたにできるおたすけは必ずあります。まずは、家族、友人、会社の同僚など、身近な人たちへの接し方から変えていきましょう。

親神様は、私たち人間が、一人残らず幸せの道へ進み、陽気ぐらし世界へ近づいていくことを、何よりも望まれています。

たとえ苦しいことやつらいことがあっても、そのなかで尽くした理は、しっかりとお受け取りくださいます。ようぼくとしての自覚と誇りを忘れずに、泣きと笑いを繰り返しながら、共々にたすかる道へと進ませていただきましょう。

立教一八〇年九月

著　者

中山慶純（なかやま・よしずみ）
昭和20年（1945年）、天理市生まれ。同43年（1968年）、天理大学外国語学部インドネシア学科卒業。平成元年（1989年）、あきよ志分教会２代会長就任（同21年まで）。同15年（2003年）、本部員登用。同21年（2009年）から28年（2016年）まで修養科主任を務めた。

朝《あさ》の信仰読本《しんこうとくほん》　こころ澄《す》ます教話集《きょうわしゅう》

立教180年（2017年）10月１日　初版第１刷発行
立教181年（2018年）11月26日　初版第４刷発行

著　者　中　山　慶　純

発行所　天理教道友社
〒632-8686　奈良県天理市三島町１番地１
電話　0743（62）5388
振替　00900-7-10367
TENRIKYO DOYUSHA

印刷所　株式会社天理時報社
〒632-0083　奈良県天理市稲葉町80

ISBN978-4-8073-0613-8
定価はカバーに表示